Programación Neuro-Lingüística

Leer a las Personas y Pensar Positiva y Exitosamente Usando la PNL para Acabar con la Negatividad, Procrastinación, Miedos y Fobias (Lenguaje Corporal, Psicología Positiva, Productividad)

Adam Hunter

© Copyright 2018 – Todos los derechos reservados.

No es legal reproducir, duplicar o transmitir cualquier parte de este documento en formatos tanto digital como impreso. Las grabaciones de esta publicación están estrictamente prohibidas y el almacenamiento de este documento no está permitido, salvo autorización escrita del editor, excepto para citaciones breves en reseñas del libro.

Índice de Contenidos

Introducción

Capítulo Uno: ¿Qué es la PNL?

   Orígenes

   Expansión del Equipo Desarrollador

   PNL y Tony Robbins

   El primer paso es entender tu propósito

   Libros, Talleres y Más

   La Comercialización de la PNL

   Estado Actual de la PNL

   Usos de la PNL

      Vida Personal

      Vida Profesional

      Vida Social

Capítulo Dos: Identifica & Evalúa

   Preocupación por el Futuro

   Preocupación por el Presente

   Vergüenza por el Pasado

Capítulo Tres: El Poder de la Mente Subconsciente

Capítulo Cuatro: Entrenamiento de la PNL

   Neuro

   Lingüística

   Programación

   Técnicas

Asociación – Música
El desencadenante
Afirmaciones Diarias
Acaba con las Voces
El Blanqueamiento
Grounding
Tomar Palabras al Pie de la Letra
Experimentación
Anclaje
Marcar el Ritmo
El Paseo de la Pizza

Reflexión
El Swish

Capítulo Cinco: PNL – Nivel de Pensamiento Avanzado

Usar la PNL en ti Mismo

El Mapa no Es el Territorio
No Hay Fracaso
Comunicación y su Respuesta
No Puedes Dejar de Comunicarte
Disociar
Replantear
Anclar
Construir Buenas Relaciones
Limitar las Creencias

Usar la PNL en Otros

La Cadencia de las Antípodas
Órdenes Integradas
Restringir la Elección
"Puedo, pero Preferiría no…"
Aprende cuándo Usar "y" y "pero"
Descubre lo que la Gente realmente Quiere

Capítulo Seis: El Modelo VAK

Entender Señales no Verbales

    Expresiones Faciales
    Contacto Visual
    Boca
    Postura
    Contacto
    Tono

Entender el Contexto

    La Conversación
    El Entorno durante la Conversación
    Experiencias Recientes
    Sonrisa
    Contacto Visual
    Movimientos Nerviosos
    Postura
    Colocación de las Piernas
    Colocación de las Manos

Expresiones Faciales

Ojos

    Mirar Fijamente
    Parpadear

    Tamaño de la Pupila

Boca

    Labios Fruncidos
    Morderse el Labio.
    Cubrirse la Boca
    Gestos

Brazos y Piernas

Posturas

    Postura Abierta
    Postura Cerrada

Espacio Personal

- Distancia Íntima
- Distancia Personal
- Distancia Social

Capítulo Siete: PNL y Anclaje

Pasos para Crear un Ancla
- Elegir un Recuerdo
- Asociar
- El Sentimiento
- Liberar
- Prueba
- Repetir

Capítulo Ocho: PNL para la Procrastinación y las Creencias Negativas en Particular

PNL para la Procrastinación
PNL par Superar las Creencias Negativas
Lidiar con la Vida
Tomar Decisiones Conscientes
Separar tus Pensamientos
¿Quién Está Teniendo esos Pensamientos?

Capítulo Nueve: PNL para los Miedos y las Fobias

Superar el Miedo y la Indecisión
Superar Fobias
- Evitar
- Desensibilización
- Inundación

Capítulo Diez: Otras Formas de Apoyar el Pensamiento Positivo

Duerme lo Suficiente
Hábitos de Alimentación Saludables
Bebe Bastante Agua
No te Olvides de Darte un Capricho

- **Los Amigos Importan**
- **Sonríe a Menudo**
- **Disfruta de tus Aficiones**
- **Aléjate de las Personas Negativas**
- **No te Olvides de las Cosas Importantes en la Vida**

Capítulo Once: Mantener la Positividad

Superar Obstáculos
- Centrarse en el Resultado
- Definir lo que se Quiere Conseguir
- Hacer una Lista de Motivos
- Si no lo Consigues
- Establecer Pequeños Objetivos
- Planificar
- Marcar el Progreso

Ser Consistente
- Hacer una Lista de Cosas Pendientes
- Crear un Sistema de Recompensas
- Dividir tu Día de Trabajo
- No Realizar Actividades que Sean una Pérdida de Tiempo
- Atacar las Tareas Difíciles Primero
- Discutir tus Objetivos con Alguien

Acabar con la Procrastinación
- Descubrir el Motivo
- Deshacerse del Obstáculo
- Empezar
- Dividirlo
- El Entorno Adecuado
- Alegrarse de las Pequeñas Victorias
- Ser Realista
- Hablar con Uno Mismo
- No Intentar Ser Perfeccionista

Capítulo Doce: Deberes

Un Problema por Día

Interiorizar Estándares Intelectuales

Llevar un Diario Intelectual

Remodelar tu Carácter

Lidiar con tu Egocentrismo

Redefinir la Forma en que Ves las Cosas

Entrar en Contacto con tus Emociones

Analizar la Influencia de un Grupo en tu Vida

   Una Puerta se Cierra y otra se Abre
   Regalar Tiempo
   Contar la Amabilidad
   Las Cosas Divertidas
   Carta de Agradecimiento
   Las Cosas Buenas
   Hacer Uso de tus Fortalezas Características

Conclusión

Recursos

Introducción

Te agradezco que hayas elegido este libro, *Programación Neuro-Lingüística: Conviértete en la Persona que Quieres Ser Usando la PNL y Entrenando tu Cerebro para Pensar de Forma Positiva para Construir una Vida Exitosa*, espero que pases un buen rato leyéndolo.

En estos tiempos de competición despiadada, se ha vuelto más importante que la gente utilice su capacidad mental de forma óptima para lograr el éxito. No hacerlo podría hacer que te quedes atrás mientras tus competidores siguen adelante. Todos los seres humanos tienen el potencial de hacer varias tareas a la vez y completar tareas arduas en poco tiempo. No todo el mundo es capaz de hacerlo y solo aquellos que se dan cuenta de su verdadero potencial serán capaces de entrenar su mente para que funcione a niveles óptimos y alcanzar el éxito que sueñan.

Siempre habrá quienes sobresalgan en su campo y quienes los envidien. Si todo el mundo estuviera en la categoría anterior, no habría competencia en este mundo; sin embargo, el objetivo principal de la mayoría es ser los mejores y dejar a la competencia atrás. Así que, ¿qué diferencia a los ganadores y qué les falta a los demás? Bien, la respuesta yace en un concepto muy simple: PNL.

Algunas destrezas, como seguridad en uno mismo, buena capacidad de comunicación o liderazgo, son importantes para tener éxito en todos los aspectos de la vida – tanto personal como profesional. Para mucha esto es una necesidad y la falta de esas cualidades puede hacerlos sentir inferiores. Incluso si tienes todas esas habilidades, todos podemos hacer uso de un buen aumento de la seguridad en nosotros mismos de vez en cuando, pero hay un pequeño problema. El aumento mencionado no está disponible en forma de pastilla que puedas comprar en tu farmacia. La única forma de conseguirlo es saliendo de tu caracola e invocando todas esas cualidades de tu interior. Aquí es donde entra la PNL.

PNL quiere decir programación neuro-lingüística y es un concepto simple que permite a una persona controlar su mente y la de otros, mientras influye en los pensamientos y comportamientos para obtener más de la vida.

Bien, ¿por qué quieres aprender sobre PNL? ¿Alguna vez te has sentido superado por un amplio rango de emociones negativas? ¿Sientes que tus miedos o fobias controlan tu vida? ¿Te preguntas de dónde salen tus emociones negativas? ¿Estás cansado de ver las cosas a través de un velo de negatividad? ¿Estás cansado de todo esto y quieres cambiar? Si tu respuesta es que sí a una sola o todas estas preguntas, entonces la PNL puede ayudarte.

El mundo en el que vivimos está sobrecargado de emociones negativas. Las emociones negativas son esos sentimientos internos que nos hacen sentir mal sobre nosotros mismos y quienes nos rodean. Pueden ser un obstáculo cuando intentas alcanzar el éxito en la vida. Bien, aquí tienes un pequeño secreto sobre las emociones negativas: puedes controlarlas. Sí, puedes controlar todo lo que sientes y no tienes por qué ser víctima de tus emociones. Hay ciertas emociones negativas que son generadas en respuesta a otra persona. Por ejemplo, la avaricia, la envidia, los celos o, incluso, el odio suelen aparecer como respuesta al comportamiento de otra persona. ¿Alguna vez te has sentido celoso de un colega al que parece irle bien, aunque los dos hagan el mismo trabajo? Las emociones negativas también pueden ser resultado de tus sentimientos internos. Por ejemplo, tus miedos, dudas o falta de confianza pueden evitar que alcances el éxito que deseas. Los miedos y las fobias pueden evitar que hagas lo que realmente deseas y las creencias autolimitantes pueden evitar que sobresalgas en tu vida.

Si quieres corregir cualquiera de estas emociones negativas, entonces este es el libro perfecto para ti. El primer paso para arreglar un problema es aceptar que lo tienes. Felicitaciones – entiendes los diferentes aspectos de tu vida que quieres cambiar. El siguiente paso es entender qué origina esos problemas. Una vez que lo entiendas, la parte fácil es arreglarlos. Es bastante fácil corregir tu forma de pensar.

Necesitas entender que tu cerebro es como cualquier otro músculo de tu cuerpo. Con un poco de entrenamiento y condicionamiento, puedes desatar tu verdadero potencial. La mayoría de nosotros no trabajamos a nuestro máximo potencial y, a menudo, hay ciertas cosas que evitan que lo hagamos. Esas cosas pueden ser tanto internas como externas. Es un malentendido general que no puedes controlar la forma en que piensas o sientes. Por el contrario, hay muchas cosas en la vida que no puedes controlar, pero sí puedes, definitivamente, controlar la forma en que piensas y sientes. No puedes controlar los sucesos externos, pero puedes controlar tu respuesta ante ellos. El curso de tu vida suele depender de tus respuestas a las situaciones que te rodean.

La PNL es una técnica que te ayuda a reconfigurar tu forma de pensar y procesar las cosas. Es una herramienta muy sencilla que te ayuda a cambiar la forma de tratar con tus pensamientos y emociones. A veces, todo lo que necesitas es un poco de perspectiva para cambiar tu vida y la PNL te ayudará con eso.

En este libro, aprenderás sobre la historia de la PNL, sus beneficios, sus conceptos clave, formas en las que puedes usarla en tu vida diaria, consejos para superar creencias limitantes, pasos para adoptar una mentalidad positiva y desatar el poder del subconsciente y otros temas que te ayudarán a llevar una vida exitosa. Si quieres ayudarte a ti mismo a resolver estos problemas rápidamente y conseguir tus objetivos de forma fácil, entonces este es el libro perfecto para ti.

Así que, si estás listo, vamos a empezar sin más preámbulos.

Capítulo Uno: ¿Qué es la PNL?

En este capítulo aprenderás sobre los orígenes y la historia de la programación neuro-lingüística.

Orígenes

Frank Pucelik, John Grinder, y Richard Bandler realizaron estudios sobre tres terapeutas, lo que llevó al origen de la programación neuro-lingüística. En aquel momento, se referían a ella como modelo conductual.

Todo comenzó cuando Richard Bandler conoció a Frank Pucelik. Frank había regresado de la guerra de Vietnam y estaba un poco traumatizado por todo lo que había pasado. Encontró un amigo en Richard Bandler. Bandler era mozo de almacén en la editorial de Bob Spitzer, *Sciende and Behavioral Books*. A medida que su amistad florecía, Bandler y Pucelik decidieron ayudarse el uno al otro a reconstruir sus vidas, imitando los enfoques mencionados en las transcripciones y cintas de Bob Spitzer, sobre todo los de Fritz Perls (el creador de la terapia Gestalt). Al principio, su único objetivo era mejorar sus propias vidas y no lo hicieron por ningún motivo teórico.

Ambos empezaron a practicar la terapia Gestalt con un grupo en la Universidad de California. Después de un tiempo, se les unió un joven profesor de lingüística llamado John Grinder. Se les acercó con un par de observaciones y preguntas que marcaron el principio de una duradera y exitosa relación entre ellos tres que daría lugar al nacimiento de la programación neuro-lingüística como la conocemos hoy en día. Cuando empezaron a trabajar juntos, empezaron a usar sus habilidades y creatividad colectivas para analizar y modelar los trabajos de otras personas, como Fritz Perls y Virginia Satir, que es conocida como la madre de la terapia familiar. Estudiaron las tasas de éxito de esos dos terapeutas para emular sus estudios, entendiendo los motivos de su éxito. Más adelante les presentaron a Gregory Bateson, quien les dio a conocer la obra de Milton Erickson, un psiquiatra especializado en hipnosis médica y terapia familiar.

Expansión del Equipo Desarrollador

Una vez que las ideas y percepciones empezaron a fluir, el equipo inicial se interesó en probarlo con otros. Esto llevó a la expansión del equipo, a medida que otros amigos se unían y los ayudaban a desarrollar su trabajo. Algunos de ellos fueron David Gordon, Robert Dilts, Judith DeLozier y Leslie Cameron. Hubo muchos más que se unieron después y este grupo tan creativo desarrolló la PNL.

La mayoría de los métodos que se desarrollaron durante esta fase siguen siendo parte de los programas de entrenamiento de PNL. Algunas de esas técnicas son anclaje, calibración, encuadre, agudeza sensorial y sistemas representativos. Un par más de métodos de cambio personal, como la Historia de Cambio Personal y el Generador de Nuevos Comportamientos, se siguen practicando.

PNL y Tony Robbins

El gurú de los negocios, Tony Robbins, ciertamente parecía saberlo todo. Tony Robbins consiguió todo el éxito de su vida con la ayuda de la PNL. De hecho, la PNL transformó su vida. Robbins cree que el conocimiento no es poder, sino una mera fuente de poder potencial.

Cuando lees algo inspirador, tienes una idea brillante o te cruzas con algún consejo vital y tiendes a sentirte inspirado, haces el juramento de cambiar. La realidad es bien diferente, ¿no? los momentos de inspiración pasan, no haces nada para seguirlos y eso te hace sentir frustrado. Por lo tanto, no se trata de lo que sabes, sino cómo lo ejecutas, lo que marca la diferencia.

Por lo general, estamos todos condicionados a escuchar de forma pasiva. Por ejemplo, podemos sentarnos en el escritorio mirando al ordenador, estirarnos en el sofá leyendo un libro. El aprendizaje pasivo, ciertamente, no inspira ninguna acción. Robbins reconoció este patrón y decidió cambiarlo. Él entendió que la única forma de romper con esos patrones es usar la información y actuar en consecuencia. Lo único que lo diferencia a él de los demás es que él siempre persevera.

Robbins tuvo una infancia difícil y lo que ha conseguido en la vida, ha sido gracias a su determinación y trabajo duro. El éxito puede significar cosas diferentes para personas distintas, pero hay una ecuación que todo el mundo puede usar para lograr el éxito que desean.

El primer paso es entender tu propósito

Una vez que entiendes tu propósito, necesitas adoptar la mentalidad adecuada para mantenerte fiel a tu objetivo. Robbins insiste en que necesitas centrarte en las cosas que quieres y no en las que no quieres, ya que la energía fluye hacia aquello en lo que te centras. Es, esencialmente, una **ley de atracción**.

Una vez que adoptes una **mentalidad positiva**, el siguiente paso es tomar medidas. Necesitas trabajar para lograr tu objetivo de forma consciente.

Si quieres ser exitoso, tienes que trabajar para conseguirlo y, además, ir comprobando tu progreso a lo largo del camino. Evalúa tu éxito y procede en consecuencia. Si puedes cambiar tu enfoque sobre cómo lidiar con la vida y los problemas que enfrentas, conseguir el éxito se vuelve más sencillo.

Estos son los sencillos pasos que Robbins siguió y que lo hicieron tener éxito en la vida.

Libros, Talleres y Más

La primera publicación sobre este tema fue un libro de dos volúmenes, *Structure of Magic I-II*. Este libro se considera uno de los más difíciles de leer sobre PNL por su naturaleza altamente teórica. Durante 1973-1976, cuando la creatividad del grupo estaba en su máximo, desarrollaron nuevas ideas y técnicas, experimentaron con los conceptos que ya conocían, realizaron talleres y escribieron sus primeros libros, *Structure of Magic I-II*. También publicaron *Patterns of Hypnotic Techniques* de *Milton H. Erickson, MD, Volumen 1* en 1975, centrándose en el uso de Erickson del lenguaje, su modelo inicial. Además, también lanzaron el Volumen 2 en 1977.

John O. Stevens transcribió y editó las cintas de sus primeros talleres y las publicó bajo el título *Frogs into Princes* en 1979.

Igual que muchos libros de PNL de la época, este se centraba en terapeutas que querían ayudar a sus pacientes. Estos libros desafiaban la forma tradicional de pensar y ofrecían alternativas prácticas. Estos libros tuvieron gran éxito convenciendo a muchos terapeutas para probar la PNL. Bandler y Grinder continuaron organizando talleres sobre PNL durante los años setenta y, hacia finales de la década, se habían vuelto tan populares que sus talleres siempre estaban llenos.

La Comercialización de la PNL

La creatividad y la emoción por la PNL inspiraron a mucha gente durante los setenta, pero esta emoción se vio rápidamente eclipsada en los ochenta. La gente empezó a preocuparse más por cuestiones comerciales y hubo mucho debate sobre quiénes lo estaban haciendo bien y quiénes eran los dueños. En esta época, Grinder y Bandler siguieron caminos separados con algo de acritud entre ellos, según se comentó. A partir de ese momento, trabajaron en desarrollar sus propias ideas de PNL y pronto se convirtió en una forma de tomar el control de nuestras vidas y las de otros. Ya no era una simple rutina de autodescubrimiento, sino que era considerada un producto que se podía comercializar para personas que buscaban resultados rápidos.

Estado Actual de la PNL

En este momento, no hay un tipo específico de PNL. Después de que Bandler y Grinder se separaran, surgieron distintos bandos de PNL. Los dos bandos evidentes eran los seguidores de Grinder y Bandler, pero eso solo era el principio. Pronto, estaban el bando de Tony Robbins, el de Lesley Cameron-Bandler y muchos otros que les siguieron. La PNL se hacía mayor y toda esa diversidad reflejaba su crecimiento.

La PNL es más un movimiento que una ideología hoy en día. Se refiere a un cuerpo de ideas y conocimiento que están en constante desarrollo y diversificación. Es un concepto maravilloso y creativo y una sola persona no puede reclamar su propiedad. La PNL es un concepto personal que todo el mundo individualiza para satisfacer sus necesidades.

Usos de la PNL

Puedes usar la PNL tanto en tu vida personal como profesional.

Vida Personal

La comunicación te ayuda a expresar tus sentimientos y es un aspecto extremadamente importante de cualquier relación. Puedes aprender a evitar peleas innecesarias o malentendidos, de manera que tengas algo de paz mental. No solo eso, la comunicación positiva te acerca a tu familia y te ayuda a llevar una vida mejor.

La PNL te enseñará a valorarte a ti mismo. La percepción que tienes sobre ti mismo juega un papel crítico en cómo respondes a las cosas. Por lo general, la gente tiende a ser un poco dura consigo misma.

Si quieres éxito, entonces necesitas quererte y aceptarte.

Necesitas aceptar tu proceso de pensamiento y también aprender a evaluarlo. No debes castigarte por los aspectos negativos y, en vez de eso, trabajar para cambiarlos.

La PNL traerá consigo un cambio general bastante positivo. Ayudará a crear una relación ideal entre tú y los miembros de tu familia, vacía de tensiones innecesarias. La compenetración que compartas con tus seres queridos ayudará a reforzar tu confianza en ti mismo.

Vida Profesional

Profesionalmente, puedes obtener muchos beneficios al implementar la PNL. Para empezar, es una buena técnica que puedes usar para resolver problemas. Una de las tareas más importantes que tendrás que afrontar en cualquier entorno profesional es la resolución de problemas. De hecho, si puedes soluciones problemas eficazmente, es tu oportunidad de brillar y ser tenido en cuenta. Puedes ser capaz de impresionar a tu jefe e, incluso, conseguir un ascenso. Para hacer esto, necesitas saber cómo usar la PNL para resolver problemas eficazmente. La comunicación es fundamental y tienes que comunicarte de forma eficaz con tus colegas y compañeros de trabajo, escuchar su feedback antes de decidir sobre una solución.

Con PNL, serás capaz de controlar a distintas personas en tu oficina fácilmente. La gestión del personal puede resultar incómoda, pero es un aspecto importante de tu vida laboral. Si quieres tener éxito en el trabajo, entonces tienes que ser capaz de dirigir con éxito a las personas y asegurarte de que todo el mundo está en la misma página. La PNL te enseñará a ser paciente y liderar el camino. Encontrarás más bien fácil no solo escuchar a todo el mundo, sino hacer que otros te escuchen a ti también.

Las habilidades de liderazgo son importantes, especialmente si quieres verte progresar. La PNL te enseñará las habilidades de liderazgo necesarias para avanzar en la vida. Serás capaz de dar el paso correcto en el momento indicado y hacer que otros te sigan. Además de esto, tu habilidad de comunicarte eficazmente con otros y con tu equipo te ayudará a volverte invencible en el trabajo. Una vez que programes el cerebro para trabajar de forma eficiente y eliminar todos los obstáculos, entonces serás capaz de conseguir tus objetivos de forma más bien fácil.

Vida Social

Puedes usar la PNL también en tu vida social. La PNL ayuda a establecer relaciones. Una vez que sabes cómo leer el lenguaje corporal y las señales verbales y no verbales de los demás, puedes comunicarte de forma eficaz. La comunicación eficaz es la forma más fácil de relacionarte con los demás. La PNL te ayudará a hacer nuevos amigos y a mantener los que ya tienes.

La PNL te ayudará a aumentar tu responsabilidad social. Como saber, es importante que contribuyas con la sociedad. Puedes hacerlo de cualquier manera que te guste, siempre y cuando creas que tendrá un impacto positivo. De nuevo, no se limita únicamente a estos beneficios. Aprenderás muchos otros usos de la PNL.

Capítulo Dos: Identifica & Evalúa

Todo el mundo tiene pensamientos negativos y positivos a lo largo del día. El cociente positivo en tu vida depende de la forma en que lidies con los pensamientos negativos. Puedes ignorar esos pensamientos, aceptarlos como verdaderos o confrontarlos. Esos pensamientos negativos pueden lastrarte y chuparte la vida.

En esta sección, aprenderás las diferentes razones por las que tienes pensamientos negativos.

Preocupación por el Futuro

Todo el mundo tiene miedo a lo desconocido y, como no se puede predecir el futuro, es común tenerle miedo. Desde el principio de los tiempos la gente ha intentado predecir el futuro. Han intentado distintas cosas, como observar caparazones de tortuga partidos, el vuelo de las aves y las diferentes constelaciones y posiciones de estrellas en el cielo. Tendemos a tener miedo del futuro y de todo lo que pueda traer.

¿El futuro te traerá fortuna o miseria? Con el avance de la ciencia, podemos predecir con éxito resultados a corto plazo en sistemas cerrados, como el tiempo o las elecciones; sin embargo, una persona promedio pasa gran parte de su tiempo preocupándose por lo que puede o no pasar en un futuro próximo y distante.

Mucha gente intenta mantener una perspectiva positiva del futuro y piensan que tendrán éxito o conseguirán los objetivos que se han marcado si lo siguen intentando y no se rinden. Bien, esa es la parte de la población que mantiene un punto de vista positivo, pero el resto se preocupa por el futuro y el miedo al fracaso es bastante real. Todos tendemos a perder mucho de nuestro tiempo y energía pensando en situaciones que pueden o no suceder. Una sencilla analogía te ayudará a poner las cosas en perspectiva. La forma en que nos preocupamos por el futuro es parecido a pagar intereses de una tarjeta de crédito que todavía no has usado.

Tienes que entender que el futuro todavía no existe. El miedo al futuro surge del hecho de que no tenemos ningún control sobre él. Una de las formas más fáciles de recuperar el control de tu vida es planificar el futuro. Puedes crearte un plan paso a paso. Ningún plan puede ayudarte a predecir el futuro, pero un plan de acción puede ayudarte a recuperar algo de control sobre tu vida. Puedes hacer los planes tanto a corto como a largo plazo. Un plan ayudará a reducir el miedo al futuro y, además, reducirá los pensamientos negativos que tengas sobre él.

Preocupación por el Presente

El futuro no es lo único por lo que nos preocupamos; nos preocupamos también por el presente. Nos preocupamos por las cosas que están sucediendo o no en nuestras vidas. La preocupación es una mera extensión del miedo y este miedo puede tener un efecto paralizante en tu vida. Por ejemplo, puede que te preocupes por cómo van tus hijos en el colegio, tus finanzas o el trabajo. Puede que te preocupes por algo tan sencillo como si cerraste el coche o no. Vaya, cargamos con muchas preocupaciones.

Imagina lo productivo que podría ser tu día si no te preocuparas tanto. Bien, la buena noticia es que hay una forma sencilla de combatir todo ese miedo que experimentas. Todo lo que necesitas hacer es crearte un horario diario. Cuando tienes un horario que seguir, puedes aumentar tu productividad y concentrate en todas las cosas que son importantes.

Vergüenza por el Pasado

Todos solemos tener cosas de las que no estamos orgullosos. De hecho, habremos hecho varias cosas que nos parezcan vergonzosas. Todos cometemos errores y algunos de ellos pueden perseguirnos hasta nuestro presente. Bueno, pues no puedes dejar que tu pasado controle tu vida. Tienes que entender que tu pasado es parte de tu vida y no puedes hacer nada para cambiarlo. Todo lo que puedes hacer es aprender de tus errores y evitar que vuelva a suceder. Piensa en tu pasado como una valiosa lección y nada más. Tu pasado no te define. Todo lo que haces en tu presente dará forma a tu futuro, pero tu pasado no juega ningún papel en tu presente. En vez de preocuparte por cada error que has cometido, piensa en las formas en que puedes arreglarlos y aprender de ellos. Es el momento de recuperar el control de tu vida y vivir en el presente. Si vives en el pasado o en el futuro y todo lo que haces es preocuparte por ellos, acabarás con una lista de creencias autolimitantes que evitarán que alcances cualquier forma de éxito en la vida.

Tienes que entender que tus pensamientos dan forma a tu vida. Puedes controlar tu vida y, de hecho, eres el único que puede controlar tus pensamientos. Si tienes pensamientos positivos, te sentirás bien sobre ti mismo, quienes te rodean y la vida en general; sin embargo, los pensamientos negativos pueden hacerte sentir mal e interrumpir tu productividad. Imagina lo productiva que podría ser tu vida si no perdieras el tiempo preocupándote por esos pensamientos negativos.

La forma más fácil de lidiar con los pensamientos negativos es entender cuál es su raíz y reemplazarlos por mensajes positivos. Por ejemplo, si te sientes atascado o si te enfrentas a un obstáculo que parece imposible, en vez de pensar que deberías rendirte porque no puedes con ello, puedes reemplazar ese pensamiento negativo con uno positivo como "quizás necesito cambiar la forma de ver el problema y probar un enfoque diferente".

Tus pensamientos tienen el poder de controlar y cambiar tu vida. Por lo tanto, es importante que te asegures de tener el control sobre ellos y no a la inversa. No puedes hacer nada en la vida si permites que la negatividad te retenga.

Capítulo Tres: El Poder de la Mente Subconsciente

Cuando estás aprendiendo a conducir un coche, en las fases iniciales tiendes a estar muy centrado y alerta. Tu mente estará completamente implicada en la tarea que tienes entre manos, que es conducir. Después de un tiempo, cuando has perfeccionado la técnica, te darás cuenta de que no necesitas estar concentrado al cien por cien en conducir. En vez de eso, puedes escuchar música o hablar con otras personas mientras conduces tu coche sin perder el control del vehículo. Así que, ¿qué significa esto y qué parte de tu cerebro controla la actividad que estás realizando? ¿Esta actividad ha sido delegada a otra parte sin que seas consciente de ello?

Si un objeto se acerca a tus ojos, antes de que te des cuenta exactamente de lo que ha sucedido, parpadearás. ¿Cómo produjo tu cuerpo esa reacción? Cuando tocas de forma accidental un cable pelado o algo caliente, ¿qué es esa fuerza misteriosa que hace que retires la mano inmediatamente, antes de que hayas conseguido descifrar lo que está pasando? ¿Por qué es más fácil cambiar algunos de tus comportamientos y hábitos, aunque quieras cambiarlos todos de forma consciente? ¿Quién o qué es responsable de esto? ¿Quién supervisa todas estas acciones y reacciones?

La mente está formada por dos partes – la mente consciente y la inconsciente. Entender la diferencia entre las dos es la clave para intentar entender el comportamiento humano. Cuando estás realizando una tarea y eres consciente de lo que estás haciendo, esa acción es llevada a cabo por tu mente consciente.

Los seres humanos tendemos a tener una capacidad de atención muy limitada. La mente consciente es responsable de aprender la tarea que se debe realizar de forma repetitiva y, después, le cede las riendas a la mente subconsciente, de manera que vuelva a quedar libre para aprender otras tareas o concentrarse en cosas que requieran atención inmediata. Por ejemplo, cuando te estás cepillando los dientes, tu mente consciente puede vagar y puede que empieces a recordar las cosas que hiciste a lo largo del día o las que no has hecho aún. Cuando esto sucede, tu mente subconsciente toma el control de la actividad de cepillarte los dientes. Cualquier actividad que sea aburrida, repetitiva y habitual, como cepillarte los dientes, no será merecedora de tu mente consciente y su atención puede centrarse en pensar en funciones más importantes que necesitan llevarse a cabo.

La mente consciente funciona como un filtro y un procesador lógico de la información que recibes del entorno. Basándose en esa información que recibes, se forman las creencias y son almacenadas en tu mente subconsciente, de forma que tus acciones sean acordes a esas creencias por sí solas.

Si alguien te pregunta cuánto es dos más dos, usarás tu mente consciente para responder la pregunta. De forma similar, cuando alguien te dice que la Tierra es plana, esa información es procesada por tu mente consciente e interpretada por ella para llegar a la conclusión de que la Tierra es esférica y, por tanto, tu mente consciente rechazará esa información, filtrándola antes de que se convierta en una creencia.

Si piensas en tu mente consciente como un filtro, entonces tu mente subconsciente es una grabadora. Es más sutil y la psicología de un individuo gira casi por completo en torno a ella. Puede que tengas idea de algunas situaciones en las que tu subconsciente pase a un primer plano. Como hemos mencionado, cuando tocas algo caliente, antes incluso de darte cuenta, quitarás la mano en un abrir y cerrar de ojos. Es un acto reflejo que está gobernado por el subconsciente. La mente consciente siempre requiere algo de tiempo para procesar y, por tanto, es comparativamente más lenta. El subconsciente es de naturaleza rápida y automática.

Se puede percibir el subconsciente como una grabadora de vídeo que absorbe toda la información a la que has estado expuesto. Esto incluye tus experiencias, habilidades adquiridas e, incluso, ¡tu historia evolutiva! Toda esta información es demasiada carga para tu mente consciente; dado que debe lidiar constantemente con el momento presente, es necesario crear un sistema de almacenamiento para guardar toda la información que has ido adquiriendo. Tu subconsciente es ese almacén.

El cerebro humano tiene a trabajar en patrones de pensamiento que no son más que programas que se introducen en la red neuronal. Puedes observar que hay un patrón definido para algunos de los pensamientos que tu cerebro produce. Por ejemplo, puede que tu cerebro esté ocupado en crear un patrón de pensamiento negativo y le dé un sabor negativo a toda la información que interprete. En ese caso, tu subconsciente está viendo la realidad a través de un cristal de negatividad y la raíz será una creencia subconsciente presente en el núcleo de pensamientos negativos.

El principal problema con tales patrones subconscientes es que tiendes a tomarlos por lo que parecen ser y empiezas a creer que son una verdad absoluta. Sin embargo, la verdad es que, sencillamente, los patrones subconscientes son los patrones de pensamiento que te han por la cabeza tantas veces que se han empezado a funcionar de forma automática. Puedes deshacerte de toda esa negatividad en tu mente subconsciente si no les prestas ninguna atención.

Todos los pensamientos que surgen de manera "automática"

forman tu subconsciente. Se pueden observar todos esos pensamientos cuando somos profundamente conscientes de nuestra mente y podemos ver cómo esos pensamientos clave son esenciales para la mayoría de nuestras percepciones e interpretaciones. El único obstáculo es que, como la mayoría de estos pensamientos son automáticos, puedes asumir que son ciertos y hacerlos parte de tu identidad. Tienes que recordar que todos esos pensamientos clave introducidos en tu subconsciente fueron pensamientos "nuevos" en algún momento. Algunos de esos pensamientos negativos son "siempre voy a estar gordo, no importa lo que haga", "no puedo confiar en nadie", "no soy atractivo", "no soy lo suficientemente inteligente como para ganar dinero", etc. En algún momento de tu vida puedes haber tenido estos pensamientos negativos y ahora surgen de forma automática. Estos pensamientos negativos tiñen de negatividad tu percepción de la realidad.

Necesitas entender que no hay ninguna verdad en cuanto a toda esta negatividad. El pensamiento negativo solamente ayuda a fomentar más negatividad y evita que avances hacia tu bienestar. Tienes que profundizar en tu subconsciente y empezar a ver a través de toda esa negatividad que existe ahí. Es la única forma en que puedes deshacerte de todos los patrones negativos en los que has llegado a creer.

Tu subconsciente es responsable de controlar las energías de tu corazón y se toma este trabajo muy en serio. La mente subconsciente habla en un idioma que consta de sensaciones fisiológicas y emociones que pueden transmitirse por todo tu cuerpo.

La directriz principal de tu subconsciente es tu supervivencia. Cuando cree que eres incapaz de manejar la decepción, el miedo o cualquier otra emoción negativa, se hace cargo inmediatamente. La primera razón por la que debes influir en tu subconsciente es que ayuda a proporcionarte la seguridad de que puedes manejar el sentirte vulnerable sin verte abrumado por ello. Si tus percepciones te dicen que no puedes, entonces tu subconsciente se pondrá en modo protector de forma automática. Su directriz secundaria es asegurarse de que perseveres. Estás diseñado de forma que no sobrevives sin más, sino que estás impulsado por una fuerza interior que te motiva a perseverar. Estás diseñado de una forma exquisita para tener un doble propósito, el de conectar de una forma significativa y, además, ser tú mismo mientras estés en el proceso de relacionarte con otros y con la vida por igual. El subconsciente da forma a tu comportamiento. Si quieres perseverar, tienes que saber cómo tranquilizarte y hacerte sentir seguro cuando aparecen miedos de supervivencia, como sentimientos de rechazo, abandono o insuficiencia. Si no te sientes lo suficientemente a salvo como para querer a alguien, entonces tu cuerpo entrará en modo autoprotector de forma automática.

A tu alrededor hay infinitas riquezas, solamente debes abrir tus ojos mentales para ser capaz de ver por ti mismo el cofre del tesoro infinito que se esconde dentro de ti. Todo lo que necesitas para vivir una vida gloriosa está dentro de ti; solamente debes aprovechar estos recursos ocultos. Hay distintas formas de despertar el poder de tu subconsciente. Puedes acceder a tu subconsciente mediante visualización, meditación, sueños y mucho más. En los siguientes capítulos aprenderás acerca de las distintas técnicas de PNL que puedes usar para reprogramar tu subconsciente.

Capítulo Cuatro: Entrenamiento de la PNL

PNL son las siglas de programación neuro-lingüística y esos son los tres conceptos clave sobre los que necesitas aprender.

Neuro

Neuro representa todo aquello relacionado con el cerebro. Probablemente, habrás visto el concepto de neurología en algún momento. Neurología hace referencia al estudio del cerebro. Un día cualquiera, todos nuestros sentidos trabajan juntos para ayudarnos a captar estímulos de nuestro entorno. Pueden ser los olores que hueles, los sonidos que escuchas, las texturas que sientes o las cosas que ves. Todos los sentidos captan esos estímulos y los confían a tu cerebro; entonces el cerebro genera una respuesta adecuada. La mente humana está formada por dos partes – la mente consciente y la subconsciente. La mente consciente te ayuda a tomar todas las decisiones y gobierna los sentidos. El subconsciente es más como un piloto automático donde no necesitas dar instrucciones al cerebro. Incluso si tu subconsciente te ayuda a realizar de forma automática ciertas tareas, sigues necesitando consultar con tu mente consciente diariamente.

¿Y si pudieras reducirle parte de esa carga a tu mente consciente? ¿Y si puedes darle poder a tu subconsciente para tomar muchas de tus decisiones? Haría tu vida más fácil, ¿verdad? La PNL ayuda a que tus mentes consciente y subconsciente converjan.

Tu mente será capaz de relacionar y responder más rápido a cosas que sean de naturaleza similar. Será como recolectar toda la información que se encuentra en tu cerebro y enviarla a carpetas específicas que la mantendrán a salvo durante mucho tiempo. Necesitas, simplemente, extrapolar la información y aplicarla a las diferentes situaciones que surjan en tu vida.

Lingüística

El siguiente concepto clave de la PNL es la lingüística. La lingüística hace referencia al estudio del lenguaje. No puedes comunicarte de forma eficaz si tus habilidades lingüísticas no son adecuadas. Si los demás no pueden entender lo que estás diciendo o si no entiendes lo que ellos te cuentan a ti, ¿cómo puedes progresar? Las barreras del lenguaje pueden ser molestas, especialmente si son de naturaleza interna. Los seres humanos están entre las criaturas más expresivas del planeta y es una vergüenza que no seamos capaces de expresar eficazmente nuestros pensamientos y emociones. Si quieres expresar tu punto de vista, entonces tienes que mejorar tu forma de hablar. Tienes que esforzarte por adquirir mejores habilidades de comunicación. Al mismo tiempo, también necesitas ser bueno en la comunicación interna. La comunicación interna es crítica y necesitas ser capaz de expresarte rápidamente para que puedas pasar a la acción. Si tu mente te dice una cosa y tú haces otra, entonces las cosas nunca funcionarán a tu favor. Necesitas ser capaz de pensar claramente y expresarte igual de claro.

Programación

El tercer concepto es la programación. La programación hace referencia a la bifurcación de la información y el proceso de enviar tal información a diferentes carpetas en tu cerebro. Necesitas programarte de una forma que propicie la productividad y que te ayude a sacar lo mejor de tus habilidades. Cuando somos jóvenes, nuestras mentes son frescas, impresionables y pueden captar un montón de información. No solo eso, sino que podemos recordar las cosas por más tiempo. Sin embargo, con la edad, este aspecto de nuestras mentes empieza a cambiar y se vuelve más difícil procesar y almacenar información. Puedes arreglar este problema con PNL. La PNL te ayudará no solo a adquirir la información, sino a dividirla y almacenarla de forma sencilla en tu memoria. Una vez que entiendas estos conceptos clave, puedes aprender sobre las técnicas de PNL. Necesitas entender que tu cerebro es como cualquier otro músculo del cuerpo y puedes entrenarlo. Puedes entrenarte a ti mismo para estar más orientado hacia tus objetivos y tu mente no descansará hasta que los consigas.

Técnicas

Asociación – Música

Para mucha gente, la música es una parte importante de sus vidas. El género musical no importa, puede ser cualquiera que disfrutes. La música suele tener una influencia sobre nosotros como pocas cosas tienen. También puede influenciar la forma en que una persona siente. Es una de las razones por las que la musicoterapia es tan popular. La música nos ayuda con nuestros sentimientos. Este es el motivo por el que es una técnica de asociación incluida en PNL.

Este ejercicio trata de conectar una canción en particular con un sentimiento de seguridad para estimular nuestra autoestima. Cada persona tiene sentimientos distintos hacia una canción; tú probablemente tengas una canción que te hace sentir que estás en la cima del mundo. Tómate un par de minutos y revisa tu lista de reproducción hasta encontrar una canción que te haga sentir seguro o inspirado. Una vez que elijas una canción, simplemente necesitas tararearla o cantarla cuando te sientas decaído. Si quieres, puedes tocar una guitarra imaginaria para sentirte aún mejor.

El desencadenante

Este es un ejercicio de visualización. Necesitas encontrar un lugar tranquilo y cómodo para este ejercicio. Ahora siéntate y cierra los ojos. Asegúrate de que tu respiración es regular y calma tu mente. Cuando estés en calma, abre los ojos y trata de visualizar tu imagen en un espejo frente a ti. La imagen que visualizas es segura de sí misma, exitosa y reacciona de forma distinta a las cosas. Céntrate en esa imagen y estudia cómo se comporta.

Después de analizar esa imagen a conciencia, es el momento de ponerte en sus zapatos. Siente su fuerza a través de tu cuerpo y siéntete tan seguro como esa imagen. Este va a ser tu desencadenante a partir de ahora. Cuando quieras sentirte poderoso de nuevo, repite este ejercicio otra vez. Cuanto más practiques, más fuerte se volverá.

Afirmaciones Diarias

Empieza el día con afirmaciones diarias. Es la mejor manera de asegurarte de empezar el día de forma positiva y asegurarte de no perder la oportunidad de sentirte seguro a diario. Necesitas buscar algo de tiempo para ti por la mañana y pensar en todas las cosas buenas que tienes. Debes recordar que eres el único que tiene el poder de hacer lo que quieres y tienes la llave para hacerte sentir bien sobre ti mismo. Si quieres alcanzar algo, entonces, en vez de decirte que ya llegarás, tienes que sentir que ya estás ahí. Siéntete como si fueras la persona que quieres ser y que ya ha conseguido las cosas que quieres conseguir.

Acaba con las Voces

Todos experimentamos momentos de debilidad, donde una voz persistente en nuestras cabezas nos dice que no somos lo suficientemente buenos. Sigue recordándonos que no le gustamos a alguien o que hay algo que aún no hemos conseguido. Esta vocecita es realmente buena para hacer brotar pensamientos destructivos que pueden acabar con cualquier rastro de motivación que podamos tener.

Ahora intenta pensar en la última vez que escuchaste esa voz en tu cabeza. ¿Reconoces esa voz? ¿Es tuya o de otra persona? Cuando tienes una idea clara de a quién pertenece esa voz, es el momento de cambiarla.

Este ejercicio es muy sencillo y ayuda a acabar con esa voz en tu cabeza. Piensa en diferentes situaciones y pon la voz en esas situaciones para volverla ineficaz. Piensa en cómo sonaría la voz si fuera la del Pato Donald o cualquier otro personaje Disney. Intenta imaginar una situación divertida donde la voz trata de sonar seria, pero no lo consigue. Te ayudará a reducir el efecto que esa voz tiene en ti. Es como la forma en que los magos de Harry Potter vencen al boggart. El boggart puede materializar sus peores miedos y cuando los imaginan en un contexto gracioso, el boggart pierde todo su poder.

El Blanqueamiento

Todos tenemos recuerdos que pueden surgir en momentos inapropiados, hacernos sentir incómodos y evitar que demos lo mejor. Están profundamente enraizados en nuestros subconscientes porque hemos tenido una mala experiencia asociada a ellos. El objetivo de la técnica del blanqueamiento es permitirte dejar de pensar en esos recuerdos a demanda.

Primero, piensa en un recuerdo que te haga sentir incómodo. Puede ser de una vez en que te avergonzaste o que hiciste algo realmente mal. Una vez que tengas la imagen claramente establecida en tu mente, literalmente, sube el brillo de la imagen rápidamente. Hazlo muy rápido para que la imagen se vuelva completamente blanca.

Después de esto, párate un segundo y piensa en algo completamente diferente. Repite el proceso, al menos, seis o siete veces en una sucesión rápida y después párate a ver lo que sucede. Cuando pienses en el recuerdo incómodo de nuevo, se volverá blanco por sí mismo o no serás capaz de verlo con claridad. Añadir un efecto de sonido al proceso de blanqueamiento puede ayudar.

Asegúrate de parar entre cada ciclo para que tu cerebro no cree un bucle de la imagen y el blanqueamiento.

Grounding

Esta es otra técnica básica de PNL que es realmente importante aprender antes de trabajar en otras más avanzadas. Te ayuda a solucionar tus problemas de seguridad y a desarrollar una base sólida desde la que avanzar. Para esta técnica debes estar descalzo, pero si no puedes hacerlo, asegúrate de no usar tacones altos.

Ponte de pie, recto y mantén los pies separados al nivel de los hombros y completamente planos en el suelo. Mueve tus caderas ligeramente hacia adelante y siente cómo se tensan un poco los músculos del abdomen. Tus brazos y hombros estarán un poco sueltos y tus muslos se tensarán ligeramente. Ahora, desbloquea las rodillas, pero no las dobles, e inhala lenta y prolongadamente, manteniendo la vista centrada hacia adelante. Centra tu atención en un punto un par de centímetros por debajo de tu ombligo y fíjate en cómo te sientes.

Practica esta postura un par de veces al día y, una vez que estés cómodo con ella, intenta moverte así. Asegúrate de respirar correctamente mientras te mueves y mantienes la postura. En breve empezará a parecerte algo natural y te ayudará a mantenerte física y mentalmente afincado en la realidad que te rodea.

Tomar Palabras al Pie de la Letra

Uno de los secretos para volverse realmente bueno en PNL es tomar lo que dice la gente de forma bastante literal. Puede parecer muy absurdo para algunas personas. Después de todo, no siempre queremos decir exactamente lo que decimos. Algunas cosas se dicen, simplemente, por añadir dramatismo, mientras que otras se dicen para enfatizar algo.

Pero si realmente quieres entender la psicología de alguien con quien estás hablando, debes tomarlos de forma literal. La gente te dirá todo lo que necesitas saber en el primer par de minutos. Solamente tienes que mostrarte abierto y hacerles las preguntas adecuadas. Por ejemplo, si alguien te dice que no pueden imaginarse a sí mismo perdiendo peso, no debes tratar de convencerlo de que pueden. En lugar de eso, puedes intentar hacerlos ver las cosas desde una perspectiva diferente.

Verás, a la gente no le gusta "perder" cosas. Si eso es lo que fijas como objetivo, estás destinado al fracaso en la mayoría de los casos. La gente no procesa los negativos tan bien como los positivos. Así que decirle a alguien que no piense en un elefante dará como resultado justo lo contrario. Está todo conectado en nuestra neurología.

Experimentación

La forma en que funciona nuestra comunicación está profundamente establecido en nuestros subconscientes. Cuando hablamos, tenemos un objetivo en mente de forma subconsciente, seamos o no conscientes de ello, y toda nuestra comunicación está dirigida a cumplir ese objetivo, incluso si no controlamos nuestras respuestas de forma consciente.

Intenta recordar tu última conversación telefónica sin prisas. Te darás cuenta de que no estabas prestando tanta atención a la conversación, al menos, la mitad del tiempo. Tu mente estaba aún formando pensamientos coherentes para que se manifestaran como respuestas apropiadas. Esto es porque el lenguaje, el vocabulario y la gramática están profundamente incrustados en nuestros subconscientes.

Para volvernos buenos en comunicación, tienes que experimentar con esto. Piensa en ti mismo como un bebé que aún está aprendiendo y no conoce el concepto de fracaso. Prueba diferentes frases y palabras mientras interactúas con alguien en quien confías, quizás un amigo que también esté practicando la PNL. Te darás cuenta de cómo mejoras con el tiempo.

Anclaje

Una técnica de PNL realmente útil para inducir un cierto estado mental o una emoción es el anclaje. Puede ayudarte a entrar en un marco mental de felicidad, relajación, concentración o cualquier cosa que desees, a voluntad. Esta técnica suele requerir contacto, gesticulación o señales verbales que se usan como "ancla". Esta ancla actúa como un marcapáginas para que recuerdes una emoción o un estado mental a demanda cada vez que quieras.

Para entender cómo funciona el proceso de anclaje funciona, veamos un ejemplo. Para esto, primero, necesitas pensar en un momento en que te sentiste realmente feliz. Trata de traer un recuerdo así. Puede ser de cuando ganaste una carrera que significaba mucho para ti, cuando tuviste un bebé o, quizás, tu primer beso. Cualquier cosa que consideres un momento realmente feliz puede funcionar. Ahora intenta pensar en los momentos anteriores a ese momento. ¿Qué pasó antes de ese momento feliz? Intenta crear una historia que lleve a ese momento e imagínatela en tu cabeza, recordando todo lo que sentiste en aquel momento. Intenta que sea lo más vívido posible.

Cuando estés en el punto álgido de esos sentimientos, coge los dedos índice y medio de tu mano izquierda y colócalos en tu mano derecha. Aprieta dos veces esos dedos de forma suave pero rápida. Cuando los aprietes por segunda vez, trata de imaginar el momento feliz en un fotograma más grande, como si estuviera más cerca de ti que antes. Imagina que el sentimiento crece exponencialmente y se vuelve más fuerte dentro de ti.

Después de esto, es solamente un juego de repetición. Intenta describir el sentimiento de nuevo, recordando exactamente lo que sentiste en ese momento. Entonces, aprieta los mismos dos dedos con tu mano derecha de nuevo y haz la imagen más grande durante el segundo apretón. Después de un tiempo haciendo esto, te darás cuenta de que el sentimiento de felicidad se duplica por sí mismo sin que tengas que forzarlo a crecer. Tu progreso con esta técnica será aún más rápido si puedes imaginar el sentimiento con mucha claridad y recordar el momento muy vívidamente. Repite este proceso, al menos, cinco veces y pronto empezarás a sentir los efectos.

Ya has puesto el ancla. Cuando te hayas convertido en un experto en esta técnica, te será extremadamente fácil recordar el ancla en cualquier momento solo con apretar tus dedos dos veces. Te sentirás instantáneamente feliz solo con recordar el ancla.

Marcar el Ritmo

Marcar el ritmo es una técnica que puedes usar para influenciar a otros. Cuando usas esta técnica, puedes entrar en el modelo de realidad de la otra persona en sus términos. Es algo parecido a caminar al lado de otra persona a su mismo ritmo. Una vez que les has marcado el ritmo, te las has ingeniado para establecer una buena relación y les has mostrado que los entiendes, lo siguiente que debes hacer es guiarlos. En esencia, usas la compenetración que has construido para influenciar a la otra persona.

Por ejemplo, si quieres convencer a alguien para actuar de una forma en particular, lo primero que necesitas hacer es entender por qué actúa de la forma en que lo hace. Una vez que intentes entender eso, puedes trabajar en establecer una buena relación con esa persona. Tienes que buscar algo en común y usarlo para entender a la otra persona. Una vez que esa persona se dé cuenta de que los dos piensan de forma parecida, se volverán, automáticamente, más receptivos a tus sugerencias.

El Paseo de la Pizza

Desde temprano se nos enseña a pensar en los errores como algo peligroso. Es parte de nuestro condicionamiento social. Y por este motivo, nuestros sistemas nerviosos nos protegen de situaciones peligrosas. Lo que debemos entender es que cometer errores es una parte extremadamente importante del aprendizaje. Si quieres ser experto en PNL, tienes que darte la oportunidad de equivocarte.

Un problema que mucha gente enfrenta cuando quieren hacer algo es la indecisión. Para deshacernos de la indecisión, me gusta sugerir un método llamado *El Paseo de la Pizza*. No cuesta casi nada y puede hacerse en cualquier parte. Este ejercicio te ayudará a dejar ir toda la indecisión innecesaria que evita que des lo mejor de ti.

Piensa en algunas áreas de tu vida en las que vacilas. Después, ve a un espacio comercial de tu elección, como un restaurante o una gasolinera, y pide algo completamente absurdo que estés seguro de que no encontrarás allí. Mantén un semblante serio cuando lo pidas y sé educado, no amenazante. Repite este proceso dos veces más, por lo menos, en la siguiente semana. Fíjate en el cambio en tus respuestas en situaciones en las que habrías vacilado en el pasado.

Es así de sencillo. La indecisión es una de las grandes barreras del aprendizaje y con esta técnica puedes deshacerte por completo de la indecisión innecesaria en cualquier ámbito de tu vida. ¿Quieres pedirle salir a una chica, pero dudas? ¿Quieres solicitar un nuevo puesto de trabajo en una compañía tecnológica local, pero no estás seguro de ser lo suficientemente bueno? Date el paseo de la pizza para que veas el cambio.

Reflexión

La reflexión es una técnica sencilla que, esencialmente, implica que necesitas copiar a otra persona. Como su propio nombre sugiere, en el reflejo necesitas copiar los gestos, el tono de voz, los movimientos e, incluso, algunas frases típicas de otra persona.

Todos los seres humanos estamos diseñados para que nos guste y nos sintamos cómodos al estar alrededor de otros seres humanos. De hecho, esta es una ventaja evolutiva. Cuanto más cerca vivamos, más probabilidades tenemos de sobrevivir como especie. Por eso, cualquier cosa que no sea parecida a ti te hará sentir incómodo. Te sentirás cómodo solamente alrededor de aquellos con los que sientes que compartes similitudes. La reflexión utiliza ese concepto.

En la reflexión, esencialmente, necesitas convencer a la otra persona de que eres parecido a ella. Es una técnica sencilla que puedes usar para influenciar a los demás. La próxima vez que estés cerca de alguien que te gusta o con quien te sientes cómodo, te darás cuenta de que han adoptado ciertos gestos similares que son imágenes especulares de uno y otro. Esto no lo haces conscientemente, sino que es tu subconsciente el que te guía. Cuando trates de imitar a alguien durante una conversación, asegúrate de no empezar a hacerlo de forma brusca. Tienes que hacerlo lenta y gradualmente porque estás intentando influir en su mente subconsciente.

Empieza a copiar sus gestos lentamente hasta que tus gestos parezcan una imagen especular de los suyos. Si cambian un gesto específico, puedes cambiar el tuyo también lentamente. Si quieres asegurarte de que la reflexión te funcione, una vez que sepas que alguien se siente cómodo contigo, necesitas probar un nuevo gesto. Si la otra persona, inconscientemente, copia tu gesto, ¡funciona!

El Swish

El *Swish* es una técnica de PNL bastante avanzada. No te hace olvidar un mal recuerdo o un sentimiento negativo, pero te ayuda a orientarte en una dirección totalmente nueva. Ya conoces la técnica de anclaje y cómo puedes crear anclas para recordar ciertos sentimientos positivos; sin embargo, a veces, nuestro cerebro puede crear anclas negativas sin saberlo. Cuando tu cerebro crea anclas negativas, pueden desencadenar sentimientos indeseados en momentos desafortunados. La técnica del *Swish* ayuda a recodificar o eliminar esas anclas negativas.

En este ejercicio, piensa en un sentimiento indeseado y en una imagen o recuerdo asociado que desate ese sentimiento. Tienes que eliminar esa imagen en particular antes de que el sentimiento se asiente. Este es el desencadenante y necesitas reemplazarlo por uno bueno y un buen sentimiento. Coloca esa imagen de manera que quede superpuesta a la negativa. Solo necesitas velocidad, no precisión. Después, abre tus ojos y vuelve a la realidad. Repite esto, al menos, cinco veces y trata de hacer el *Swish* cada vez más rápido. Después de un par de días, prueba a ver si la imagen negativa regresa o no. Si lo hace, necesitas reemplazarla con una imagen o recuerdo que sea más potente.

Capítulo Cinco: PNL – Nivel de Pensamiento Avanzado

Usar la PNL en ti Mismo

Hay distintas formas de describir la PNL y esa es una de las razones por las que es difícil encontrar una definición clara. Además, el nombre parece bastante vago, ¿no? Richard Bandler, en uno de sus talleres, recordó una anécdota sobre cómo se le ocurrió el nombre. Aparentemente, un buen día que iba conduciendo, colocó un par de libros sobre neurología, lingüística y programación informática en el asiento del pasajero. La policía lo paró por exceso de velocidad. Como justificación, trató de explicarle a la policía que llegaba tarde a una conferencia. Al policía le pareció una excusa algo dudosa y le preguntó sobre qué era la conferencia. Así que Bandler, siendo el pensador rápido que era, miró al asiento del pasajero y le contestó que la conferencia era sobre programación neurolingüística. Aparentemente, así fue como se le ocurrió el nombre de la PNL. Bueno, esta historia puede ser o no precisa. En esta sección, aprenderás más sobre un aspecto importante de la PNL y este es la mentalidad.

Aunque la PNL incluye varias técnicas para cambiar la forma en que piensas, el concepto más importante en PNL es sobre la mentalidad.

Así que, ¿cómo puedes definir el concepto de mentalidad? La mejor forma de describirlo es como presuposiciones de PNL. La mentalidad se refiere a las asunciones o los principios que una persona decide adoptar en su vida diaria. Es la forma de ver el mundo que tiene una persona. La mentalidad es mucho más poderosa que las técnicas sencillas de PNL. En esta sección, aprenderás sobre el uso de la PNL sobre ti mismo y otros. Puedes usar la PNL para influenciar tu mentalidad para sentirte poderoso y con el control de tu vida.

El Mapa no Es el Territorio

Significa que nuestra percepción de la realidad es una mera percepción y no la realidad. A menudo, tendemos a sacar la conclusión de que lo que pasa a nuestro alrededor es verdad, incluso cuando suele ser solo nuestra interpretación de lo que creemos que pasó. La dificultad surge porque parece que reaccionamos a esos eventos como si fueran verdaderos. Hay una presuposición en PNL de que, a menudo, la gente responde a una experiencia y no a la realidad. Así, esta presuposición te recuerda que necesitas cuestionar lo que crees y ver si puedes haberlo distorsionado sin darte cuenta. Por ejemplo, si tienes una discusión con tu pareja, en el transcurso de la discusión se pueden decir algunas palabras más altas que otras. Después de una discusión así, ¿empiezas a creerte las palabras desagradables que te haya dicho tu pareja? Puede que incluso te aferres a esas palabras y empieces a sentirte mal contigo mismo. La realidad es que tu pareja, probablemente, no quisiera decir lo que dijo y que tú lo hayas sacado de contexto. Así, tu recuerdo de lo que crees que pasó y la realidad como tal, son bastante diferentes.

No Hay Fracaso

¿Te sentirías distinto si cada vez que no consigues un objetivo lo vieras como una oportunidad de aprender y no como un fracaso? El condicionante general en la sociedad es tal que si una persona no logra un objetivo, se le considera un fracaso. ¿Empezarías a castigarte a ti mismo por ello y a juzgarte duramente por fallar? ¿Qué tal si tratas de reemplazar ese pensamiento negativo con algo más neutral o positivo? ¿Y si cada vez que no consigues algo, simplemente lo ves como una oportunidad para aprender y hacerlo mejor? Un poco de comunicación positiva contigo mismo puede cambiar la forma en que te ves a ti mismo y al mundo que te rodea.

Comunicación y su Respuesta

El significado de la comunicación es la respuesta o la reacción que recibes. Esto puede sonar complicado. La mayor parte del tiempo, pensamos que somos bastante claros en la forma en que nos comunicamos y, a veces, parece que nuestras intenciones no se entienden o que el mensaje no llega de la forma que pretendemos. Ciertamente, es más fácil culpar al receptor por la mala comunicación; sin embargo, te haría bien si aceptaras parte de la responsabilidad. Sí, probablemente fuiste claro y la otra persona no te entendió, pero ¿importa? Si el mensaje no llega, ¡no importa de quién es la culpa! ¿No es más sencillo centrarse en la mejor manera de mantener la comunicación? Aquí es donde la PNL hace su aparición. La PNL sugiere que, cuanto más flexible es la comunicación, mayor es la tasa de éxito. Hay una presuposición en PNL que dice que, en cualquier sistema, el elemento con mayor flexibilidad ejerce la mayor influencia. Por lo tanto, si eres un poco flexible en la forma en que te comunicas, las probabilidades de que haya un malentendido son bastante bajas.

No Puedes Dejar de Comunicarte

Independientemente de lo que digas o no, o lo que hagas o no, te estás comunicando. Incluso cuando estás en silencio y no expresas tu opinión, te estás comunicando. La comunicación verbal no es la única forma de comunicarse y la comunicación no verbal es tan importante como la verbal. Tu lenguaje corporal, expresiones, el tono de tu voz y ese tipo de cosas son aspectos importantes de la comunicación. Aprenderás sobre todo esto en el próximo capítulo.

Necesitas aprender a establecer una comunicación positiva contigo mismo. Si pueden influir en tu mente para que tenga pensamientos positivos, entonces tu percepción de ti mismo y tu vida será positiva. Tienes que dejar ir cualquier creencia negativa que tienes y reemplazarla con cosas positivas.

Hay cinco formas en que puedes usar la PNL para transformarte en una persona mejor.

Disociar

El estrés emocional puede consumirte. Si lo dejas sin abordar, entonces todas las emociones negativas pueden evitar que evoluciones y tengas éxito en la vida. La PNL puede ayudarte a neutralizar esos sentimientos y te ayudará a ver las situaciones de forma racional. Cuando puedes ver algo racionalmente o cuando puedes racionalizar algo, la forma en que reaccionas y respondes es distinta. En ves de dejar que tu ira, tus preocupaciones o tu estrés saquen lo peor de ti, necesitas aprender a disociarte de toda esa negatividad.

Replantear

Siempre habrá situaciones que te harán sentir impotente y en las que te verás superado por tus emociones. En esas situaciones, necesitas replantearte el contenido, de manera que puedas centrarte en las cosas que son importantes y reducir tu estrés. Tienes que recordar que hay aspectos positivos y negativos en todas las situaciones. Si puedes, simplemente, cambiar la forma en que ves algo, entonces puedes quitarle tu atención a todas las cosas que no importan y concentrarte en las que sí importan.

Anclar

Si quieres trabajan en respuestas emocionales positivas, incluso en situaciones estresantes, entonces el anclaje te ayudará. Al canalizar un estado mental positivo deliberadamente, serás capaz de alterar la forma en que te sientes en cualquier situación dada.

Construir Buenas Relaciones

La vida se trata de establecer comunicaciones y construir relaciones. Con la ayuda de la PNL, puedes construir buenas relaciones con cualquier persona de tu vida personal o profesional. Aprenderás a conectar con una persona a través de su lenguaje corporal y su comunicación, al igual que por sus patrones de respiración. Una vez que aprendas a prestar atención a la otra persona, puedes reflejar fácilmente la forma en que se comportan y esto te ayudará a construir una buena relación.

Limitar las Creencias

Lo único que impide que una persona sea exitosa son sus creencias limitantes. Tienes que aprender a identificar las creencias limitantes que puedas tener y corregirlas. Sencillamente, no puedes ignorar tus creencias limitantes porque pueden tener un efecto paralizante en tu psiquis. Tú eres el único que puede cambiar tu forma de pensar sobre ti mismo. Las diferentes técnicas de PNL abordadas en el capítulo anterior te ayudarán a cambiar cualquier creencia limitante que tengas sobre ti mismo.

Usar la PNL en Otros

La gente busca cosas distintas en la PNL, pero un tema común entre las expectativas que tienen es la habilidad de ser capaz de persuadir mejor a otras personas. En esta sección, aprenderás sobre las diferentes técnicas de PNL que puedes usar para persuadir o influencias a los demás.

La Cadencia de las Antípodas

Lo primero es lo primero, hablemos un poco sobre la cadencia de las antípodas. Puede que ya hayas oído hablar de ella, es un concepto muy popular. No es muy potente. Puede ayudarte a lidiar mejor con niños, pero no funciona demasiado bien para la persuasión.

Si no sabes lo que es, déjame explicártelo brevemente. Sucede cuando cambias un poco tu voz al final de una frase. Por ejemplo, si dices "voy a volver a Sídney" de forma que la última parte sea más aguda y suene más como una pregunta, puede hacerte parecer inseguro. En cambio, si dices esa misma parte con una voz más grave, suenas más seguro y parece una orden. Como resultado, el oyente también se siente más seguro de lo que vas a hacer.

Es una técnica muy básica que probablemente no funcione con mucha gente, pero sigue siendo útil conocerla.

Órdenes Integradas

Hablemos de órdenes integradas. Esta es una de las técnicas más sencillas y, a la vez, poderosas. En esta técnica, haces uso de una orden integrada en la conversación sin que suene de mala educación. Esto dificulta a la otra persona decir que no.

Déjame darte un ejemplo. Si sales a tomar algo con tus amigos con frecuencia, piensa en alguna vez que uno de tus amigos haya dicho "tomémonos otra". Parece una orden y, aunque es bastante cortés, resulta difícil de resistir. Así que probablemente obedezcas, a no ser que realmente no quieras beber más. Por otro lado, si tu amigo te pregunta "¿quieres otra bebida?", el poder, automáticamente, pasa a ser tuyo y eres tú el que tiene el control de decidir si quieres una o no.

La plantilla de restaurantes selectos suele estar bien versada en esta técnica. Saben qué decir para hacerte consumir más. Así que por ejemplo, cuando pides algo como filete y patatas fritas, con frecuencia te preguntarán "¿qué quiere como entrante?". Y esto hace que mires el menú inmediatamente para buscar un buen entrante. Incluso si decides no pedirlo, te hacen pensar en ello y ese es su objetivo. Preguntarlo como "¿quiere un entrante?" no funciona tan bien porque no resulta tan persuasivo.

Restringir la Elección

Esta es otra de esas técnicas realmente sencillas y, a la vez, poderosas. Funciona restringiendo la elección del oyente mientras le creas la ilusión de una elección y les haces pensar que tienen el control. Igual que en la técnica anterior, te daré un ejemplo de la industria de la hostelería.

Cuando cenas en un restaurante elegante, el camarero entrenado te preguntará muy amablemente en algún momento "¿qué tipo de vino le gustaría tomar?" o "¿vino tinto o blanco?". Estas preguntas están dirigidas a hacerte creer que tienes elección, pero en realidad lo que están haciendo es limitar tus opciones de bebidas a los tipos de vino que tienen.

Si el camarero te pregunta "¿quiere algo de beber?" o algo con el mismo efecto, puede no ser ni remotamente igual de eficaz. Ahora, igual que en la técnica anterior, nadie está obligado a aceptar la oferta, pero la forma en que se formula la pregunta en el ejemplo anterior hace que sea más difícil resistirse.

Varias cadenas de comida rápida como McDonald's y Subway usan esta técnica. Mientras pides una hamburguesa, te preguntan educadamente "¿con doble de queso?". Esto hace que sientas que te ofrecen una elección, pero lo que realmente están haciendo es asegurarse de que no eliges la opción "sin queso".

Algo parecido se usa, a menudo, al tratar con niños que están siendo testarudos. De hecho, algunos padres muy listos lo usan desde el principio para no tener que lidiar con ninguna testarudez en absoluto. Si eres padre, debe resultarte de alguna forma familiar esta técnica.

Por ejemplo, cuando tu hijo no quiere irse a dormir, en vez de intentar regañarlos o imponer el control de una forma tradicional, lo que mejor funciona es restringir su elección distrayéndolos con otra cosa. Así que puedes decir algo como "¿quieres que te lea un cuento cuando te pongas el pijama?".

En este caso, ponerse el pijama es algo que se da por sentado y el niño solamente puede elegir si escuchar un cuento o no.

"Puedo, pero Preferiría no..."

Esta es una de esas técnicas que la gente suele utilizar con sus amigos y parejas. Todo el mundo la usa y tú puede que la hayas usado en algún momento de tu vida si has querido manipular a alguien para hacer lo que tú quisieras.

Déjame explicar cómo funciona con un ejemplo. Digamos que tú y tus amigos van a salir por la noche. Todos beben un poco, excepto uno de ellos. Cuando se van, sabes que no sería seguro conducir bajo los efectos del alcohol, así que le dices a tu amigo sobrio "ey, yo puedo conducir si quieres", haciendo un ligero énfasis en la parte de "si quieres". Este cambio en el tono hará que tu amigo se ofrezca a conducir voluntariamente.

Si esto no parece el tipo de cosa que tú harías, puedes probar una variación. Cuando tú y tu pareja salgan a cenar, puedes decirle "yo puedo conducir hasta (el nombre del sitio)" y esto le transmitirá a tu pareja que él o ella será quien conduzca a la vuelta.

Aprende cuándo Usar "y" y "pero"

Puede que no te des cuenta de forma activa, pero para ser una palabra de cuatro letras, "pero" es muy poderosa. Puede cambiar opiniones en cuestión de segundos. Así que ten mucho cuidado con las palabras que le siguen. Si entiendes su poder, siempre puedes usarlo a tu favor.

Por ejemplo, decir algo como "mi amiga podría hacer esto en un solo día, pero te cobraría $100" hace que el oyente se centre en la segunda parte: el precio del trabajo. Puede que piensen que cien dólares sea un poco demasiado por el trabajo y rechacen la oferta. En cambio, si le das la vuelta a la misma frase y dices "mi amiga te cobraría $100 por el trabajo, pero lo terminaría en un solo día". Esta frase tiene mucho más impacto positivo en el oyente, ya que se centrará en la parte de "un solo día". La importancia del precio se verá reducida y brillará la capacidad de tu amiga de hacer el trabajo rápido.

Así, para que te familiarices con esto, aquí tienes un gran ejercicio que puedes hacer con un amigo. Las reglas son:

- Cada persona puede decir una sola frase.
- Cada frase empieza con la palabra "y".
- Después de varias frases, cambia el "y" por "pero" y fíjate en la diferencia. Estoy seguro de que tendrán impactos muy diferentes en ambos.

Descubre lo que la Gente realmente Quiere

Esta es una de las técnicas de persuasión más avanzadas que ofrece la PNL porque lo que dices, realmente depende de cada situación, pero las recompensas son merecedoras del esfuerzo. Llegas a saber lo que la gente quiere de verdad en el fondo y así puedes llegar a un punto de interés mutuo en consecuencia.

Es difícil que la gente revele lo que realmente quiere, a menudo porque ni ellos mismos han pensado en ello y tienes que empujarlos a pensar en ese sentido. Lo que hace esta técnica es eliminar las conjeturas en tu lado. Todo lo que necesitas hacer es manejar la situación de forma adecuada y la gente te dirá lo que quieren por sí mismos. Solamente necesitas llevar la conversación en la dirección correcta y hacerles las preguntas adecuadas.

Por ejemplo, si estás hablando sobre los planes para las vacaciones con tus amigos y les preguntas a dónde quieren ir, puede que respondan con un desinteresado "no lo sé", aunque es probable que sí lo sepan. Ahora, para saber a dónde quieren ir de verdad, hazles una sencilla pregunta: "Si eliminamos los factores distancia y dinero, ¿a dónde te gustaría ir? Piénsalo". Esto les da la oportunidad de decirte a dónde quieren ir y, después de eso, puedes empezar a pensar en los factores que de verdad importan (como el dinero y la distancia) y adaptar tu respuesta para llegar a un punto común. Esto ayudará a que hagan un viaje donde todos puedan hacer lo que les gusta con un poco de compromiso.

Capítulo Seis: El Modelo VAK

Todos usamos nuestros sentidos físicos para experimentar el mundo que nos rodea. Los cinco sentidos primarios son la vista, el oído, el taco, el olfato y el gusto. En PNL, estos sentidos están divididos en tres categorías: visual, auditivo y kinestésico. Todas las cosas que vemos entran en la categoría de los sentidos visuales, los auditivos son las cosas que oímos y los sentidos kinestésicos hacen referencia a las cosas que tocamos, olemos o saboreamos.

Si quieres descubrir la forma en que usas tus sentidos, entonces haz un viaje por tu memoria. Recuerda una situación placentera, como unas vacaciones. ¿Qué es la primera cosa o sensación que ese recuerdo desencadena en tu mente? Sea cual sea tu primer pensamiento, entrará en una de las tres categorías VAK (visual, auditivo o kinestésico).

Por ejemplo, si recuerdas unas vacaciones en la playa, lo primero que recuerden algunas personas será el cielo azul (visual), otras recordarán el sonido de las olas (auditivo) y otras el olor del mar o el sabor de un helado (kinestésico). Tu primer pensamiento sobre un recuerdo te ayudará a entender tu sistema de representación preferido.

El concepto de VAK es una herramienta útil para la comunicación interpersonal. Al usar palabras visuales, puedes atraer el interés de una persona; con palabras auditivas puedes atrapar su interés; las señales kinestésicas pueden ayudarte a construir una buena relación. En esta sección, aprenderás sobre las señales verbales y no verbales.

La comunicación no verbal es muy complicada de entender. Lo que decimos con palabras es muy fácil de entender, pero nuestras expresiones faciales, nuestros gestos y el contacto visual hablan más alto. Entender la comunicación no verbal es una herramienta poderosa que puede ayudar a una persona a entender mejor a los demás y construir relaciones interpersonales y profesionales. También puede ayudarte a expresarte mejor y hacer conexiones.

Entender Señales no Verbales

Mientras tienes una conversación con alguien, dices mucho con la forma en que te sientas, escuchas, te mueves, miras y reaccionas. La otra persona puede decir si estás realmente interesado en lo que están diciendo o no, o si solamente estás fingiendo que te importa. Cuando tu lenguaje corporal coincide con tus palabras, hay un aumento en la confianza y la claridad. Cuando tus palabras no coinciden con tu lenguaje corporal, da lugar a desconfianza, malentendidos y tensión. Para una mejor comunicación, tienes que ser más consciente y receptivo con las señales no verbales tuyas y de los demás.

Las señales no verbales incluyen:

Expresiones Faciales

Las expresiones faciales son muy reveladoras. Tu cara expresa emociones mejor de lo que tus palabras alguna vez podrán. Una sonrisa indica afecto o felicidad. Un ceño fruncido indica desaprobación o decepción. Puede que digas que estás bien o que no estás enfadado con alguien, pero tus expresiones faciales pueden decir lo contrario. Las expresiones faciales para ira, miedo, sorpresa, disgusto, desinterés, irritación y felicidad son muy poderosas e inequívocas.

Contacto Visual

El contacto visual es otra señal de comunicación no verbal que puede decir mucho. Cuando miras a alguien a los ojos mientras hablan, es señal de interés genuino y entendimiento. Cuando la otra persona no mantiene el contacto visual, parpadea demasiado o mira hacia otro lado, puede significar que está distraída, incómoda, nerviosa u ocultando sus sentimientos.

Boca

Los movimientos de la boca son muy importantes al leer el lenguaje corporal. Morderse los labios, fruncirlos y cubrirse la boca son algunas señales que transmiten sentimientos como desconfianza, ansiedad y estrés.

Postura

Las posturas dicen mucho sobre tu estado mental. Si te inclinas hacia alguien mientras habla, significa que estás atento e interesado en la conversación. Una postura abierta indica amabilidad y disponibilidad. Una postura cerrada, como brazos o piernas cruzados, indica hostilidad. La forma en que te sientas también dice mucho; si te sientas recto, indica atención y concentración. Sentarte con el cuerpo encorvado puede significar que estás cansado o aburrido. Tener una buena postura proyecta una buena imagen de ti.

Contacto

La comunicación a través del tacto es muy eficaz. Un apretón de manos firme, un abrazo cálido, una palmada en la espalda y un toque tranquilizador en el brazo transmiten varios mensajes. Las señales táctiles son muy sutiles y sencillas de entender. Con el fin de entender y enviar estas señales no verbales, tienes que estar emocionalmente atento durante una conversación y ser sensible con la otra persona. Tienes que reconocer las emociones de los demás y analizar con precisión las señales que te son enviadas. Te ayudará a crear y construir confianza y ser sensible con la otra persona al mostrarle que entiendes y te preocupas.

Tono

El tono de tu voz, es decir, su volumen y su timbre, también se considera una señal no verbal. El tono de tu voz puede dejar una fuerte impresión en lo que se dice cuando alguien habla con una voz poderosa.

Las señales no verbales te reaseguran lo que se está diciendo. Toma nota de todas las señales que recibes y apunta si son consistentes con lo que se está diciendo. Confía en tu instinto; si piensas que las señales no encajan con lo que se está diciendo, entonces es probable que tengas razón por que las señales no verbales dicen mucho más que las verbales. Aprende a entender con tus ojos y no te perderás estas señales no verbales.

Entender el Contexto

Mientras tengas una conversación con alguien, asegúrate de observar el lenguaje corporal de esa persona para que puedas utilizar tus palabras sabiamente. El lenguaje corporal puede informarte sobre el nivel de comodidad de una persona, pero eso es todo. Aquí es donde el contexto entra en juego. Entender el contexto significa ser consciente de las siguientes cosas:

La Conversación

Debes prestar atención para ver si el lenguaje corporal de la persona cambia. ¿Qué lo hizo sentir incómodo? ¿Fue una pregunta que hiciste o un tema del que estabas hablando? Puede que dijeras algo que lo haya hecho sentir incómodo.

El Entorno durante la Conversación

A menos que estés en una habitación cerrada, todas las conversaciones se ven afectadas por el entorno. Mira a tu alrededor para ver la razón por la que tu pareja o colega está incómodo. ¿Hay algún ruido molesto que afecte a la conversación? Quizás hay una discusión teniendo lugar en la mesa de al lado, demasiada gente o alguien que tu compañero conoce puede haber entrado. Todas estas cosas afectan al lenguaje corporal de una persona y necesitas entender que no todas las personas reaccionan igual.

Experiencias Recientes

Durante una conversación, tienes que tener en mente que tu colega o pareja puede haber tenido algunas experiencias durante el día que pueden haberlo hecho sentir incómodo y haber afectado negativamente a su lenguaje corporal. Por ejemplo, una discusión con alguien, un mal día en el trabajo o problemas de salud, financieros o personales pueden verse reflejados en el lenguaje corporal. Si todavía está pensando en esa situación estresante, puede que parezca triste, incómodo, distraído o desinteresado.

Tómate tu tiempo para determinar si la razón de la incomodidad de tu compañero. Sugiérele cambiar de habitación o de tema y fíjate en si supone una diferencia. Si no hay mejora en su lenguaje corporal, entonces puedes preguntarles, educadamente, si está todo bien. Puedes pensar que tú eres el problema, pero es posible que sea otra cosa lo que esté molestando a la otra persona. Ofrécele algo de comer o beber y hablen sobre algo divertido e interesante en vez de los mismos temas de siempre. Analizar y entender el contexto puede parecer una labor imposible, pero con práctica mejorarás y se convertirá en tu habilidad más valiosa.

La próxima vez que tengas una reunión con tu jefe, colegas o, incluso, en una cita, debes estar atento a estas señales para leer eficazmente a esas personas.

Sonrisa

Diferencia una sonrisa verdadera de una falsa. Una sonrisa verdadera ilumina la cara de la persona y provoca arruguitas alrededor de los ojos. Tus ojos no pueden mentir, así que la próxima vez que quieras saber si una sonrisa es genuina, asegúrate de fijarte en las arruguitas de sus ojos.

Contacto Visual

El contacto visual es otro aspecto importante cuando quieres leer a alguien. Los ojos son muy expresivos y se consideran la ventana del alma. Si la persona que mira a los ojos mientras habla, entonces quiere decir que están cómodos contigo. Cuando tienes un conflicto con alguien y no es capaz de mirarte a los ojos, significa que te están escondiendo algo.

Movimientos Nerviosos

Cuando alguien se toca repetidas veces la cara, el pelo y el cuello, quiere decir que está nervioso y tiene miedo tu desaprobación. Juguetear con un objeto mientras habla también significa inquietud y distracción. Apretar la mandíbula, tensar el cuello o fruncir el ceño son signos de estrés y ansiedad.

Cuando alguien copia tu lenguaje corporal, es una señal de comodidad. Esto es una señal especialmente buena durante una negociación, ya que te muestra lo que la otra persona está pensando.

Postura

Encorvarse al estar sentado y mantener los hombros bajos son señales de baja autoestima y falta de seguridad. Ese tipo de personas tienen problemas expresando sus sentimientos. Sentarse erguido muestra seguridad y entusiasmo. No puedes fingir interés, ya que tu lenguaje corporal no irá a la par que tus palabras.

Colocación de las Piernas

Cuando alguien está moviendo la pierna mientras habla contigo, quiere decir que está nervioso o inquieto. Es un hábito habitual, especialmente durante entrevistas y crea una impresión en el entrevistador. Es una señal de inseguridad y nerviosismo, que no son muy bien apreciados.

Colocación de las Manos

La colocación de las manos también dice mucho sobre el estado mental de una persona. Cuando una persona está de pie con las manos en las caderas, quiere decir que es entusiasta, energética y está interesada. Gesticular con las manos mientras una persona habla quiere decir que esa persona está intentando explicar y expresar sentimientos e ideas.

Debes estar atento a los alrededores y el contexto cuando leas a una persona, ya que el lenguaje corporal solamente te dará una pista de lo que esa persona está pensando o sintiendo. Para un análisis en profundidad tienes que tener en cuenta el contexto y aplicarlo adecuadamente.

Expresiones Faciales

Una persona puede transmitir mucho a través de sus expresiones faciales. Una sonrisa muestra aprobación o felicidad. Un ceño fruncido, por el contrario, muestra infelicidad o desaprobación. A veces, las expresiones faciales pueden revelar lo que la persona está sintiendo realmente. Cuando alguien dice que está bien, pero tienen el ceño un poco fruncido, sus palabras contradicen lo que de verdad sienten. Algunas emociones que se pueden exteriorizar mediante las expresiones faciales son felicidad, tristeza, ira, disgusto, sorpresa, miedo, confusión, deseo y desprecio. La expresión en la cara de una persona puede ayudarte a determinar si realmente quiere decir lo que está diciendo o no.las expresiones faciales son parte de un lenguaje corporal universal. Es bastante difícil controlar las expresiones faciales cuando una persona está sintiendo emociones extremas. Puedes calibrar lo que una persona está diciendo si prestas atención a sus expresiones faciales.

Ojos

Los ojos son considerados la ventana del alma. Los ojos son capaces de revelar mucho sobre los pensamientos y sentimientos de una persona. Cuando entables una conversación con alguien, observa los movimientos de sus ojos. Esto debe ser parte de tu proceso de comunicación. Algunas cosas que debes buscar son si esa persona mantiene contacto visual o no, si desvía la mirada, tiene las pupilas dilatadas y si parpadea de forma normal o rápidamente.

Mirar Fijamente

Cuando una persona mantiene el contacto visual mientras conversa, muestra interés e implica que la persona está prestando atención; sin embargo, un contacto visual prolongado puede percibirse como amenazador o intimidante. Romper el contacto visual con frecuencia o mirar a otro lado indica que la persona está distraída, incómoda o está intentando esconder algo.

Parpadear

Parpadear es algo natural; sin embargo, parpadear demasiado o demasiado poco puede significar cosas distintas. Si una persona parece angustiada o incómoda, esa persona parpadeará mucho y muy rápido. Esto significa que la persona está intentando controlar lo que está sintiendo. Por ejemplo, un jugador de poker puede parpadear con menos frecuencia deliberadamente para ocultar la emoción por la mano que le ha tocado.

Tamaño de la Pupila

La dilatación de la pupila es un gesto no verbal muy sutil. La cantidad de luz en los alrededores hace que la pupila se dilate o se contraiga. Incluso las distintas emociones pueden dar lugar a la dilatación de la pupila. Cuando una persona se siente atraída por otra, sus pupilas se dilatan. Esto muestra atracción y excitación, lo que da origen a la popular frase de "mirada seductora".

Boca

Los movimientos de la boca también pueden ayudar a leer el lenguaje corporal de una persona. Por ejemplo, morderse el labio inferior indica inseguridad, miedo o preocupación. Cubrirse la boca puede ser un esfuerzo por ocultar educadamente un bostezo o tos; sin embargo, también puede ser un intento de ocultar desaprobación. Una de las mejores señales para interpretar lo que una persona dice es la sonrisa. Una sonrisa puede significar varias cosas dependiendo de si es genuina o no. Presta atención a las siguientes señales cuando analices el lenguaje corporal.

Labios Fruncidos

Mientras conversas, si alguien frunce los labios es señal de desaprobación, disgusto o, incluso, desconfianza.

Morderse el Labio.

Muestra ansiedad, preocupación o estrés.

Cubrirse la Boca

Esto suele hacerse con frecuencia para esconder una reacción emocional, ¡como una sonrisa picarona!

Un ligero cambio en la boca es un indicador sutil de lo que la persona realmente está sintiendo. Si las esquinas de la boca están hacia arriba, la persona puede estarse sintiendo optimista o feliz, pero si están hacia abajo, muestra desaprobación o tristeza.

Gestos

Probablemente estas sean las señales más evidentes. Agitar los brazos, señalar algo o usar los dedos para indicar números son los gestos más utilizados y fáciles de interpretar. Estos son algunos gestos que pueden ayudarte a entender mejor lo que la persona está diciendo. Un puño cerrado indica que la persona está enfadada. Los pulgares hacia arriba o abajo muestran aprobación o desaprobación, respectivamente. La señal de "V" hecha con los dedos índice y medio significa victoria o paz.

Brazos y Piernas

Cruzar los brazos muestra una actitud defensiva y cruzar las piernas indica incomodidad o disgusto. Cuando una persona tiene una sonrisa en la cara, pero tienen los brazos cruzados, su lenguaje corporal no respalda esa sonrisa. Hay ciertos gestos sutiles, como ensanchar los brazos para asumir una posición de mando o minimizar la atención de los demás. Cuando alguien está de pie con las manos en las caderas, muestra que la persona está lista, al mando o con una actitud agresiva. Dar golpecitos con los dedos o jugar con ellos muestra impaciencia, aburrimiento e inquietud. Cruzar las piernas muestra ganas de intimidad y unir las manos por detrás de la espalda indica ira, ansiedad o aburrimiento total.

Posturas

La forma en que una persona mantiene su cuerpo es una parte importante al analizar el lenguaje corporal. La postura se refiere a la forma física general del individuo y la manera en que se mueven. Se puede inferir mucho sobre las características de una persona de su postura, como si es una persona segura, abierta, dominante o sumisa. Cuando alguien se sienta con la espalda recta, muestra que esa persona está prestando atención y está concentrada en lo que está sucediendo. Encorvarse mientras se está sentado implica que el individuo se siente aburrido o indiferente hacia lo que está ocurriendo.

Postura Abierta

Esto implica mantener el torso abierto y expuesto. Muestra que la persona está abierta, dispuesta, es amistosa y accesible.

Postura Cerrada

Si una persona esconde su torso inclinándose hacia delante y manteniendo los brazos y las piernas cruzados, puede indicar hostilidad, contrariedad o, incluso, ansiedad.

Espacio Personal

¿Qué es el espacio personal? ¿Alguna vez te has sentido incómodo cuando alguien se te acerca demasiado? El espacio personal hace referencia a la distancia social que a un individuo le gusta mantener con los demás. El espacio físico entre dos personas puede proporcionar mucha información si sabes lo que estás buscando.

Distancia Íntima

Si la distancia física es de 6 a 18 pulgadas (15 a 45 cm), indica que las personas tienen una relación cercana o íntima. Esto sucede cuando están susurrando, abrazándose o tocándose.

Distancia Personal

Esta es la distancia física que se mantiene, por lo general, cuando se habla con miembros de la familia o amigos cercanos y varía entre 1.5 y 4 pies (0.5 y 1.2 m). Cuanto más cerca esté una persona mientras se comunica con otra, más cercano es el vínculo que comparten.

Distancia Social

La distancia social es la que se mantiene con los conocidos. Cuando una persona conoce a otra bastante bien, la distancia es de 4-12 pies (1.2-3.6 m). En función de cuánto se conozcan, esa distancia será mayor o menor. Además, esa distancia puede depender de la cultura. Por ejemplo, en Latinoamérica suelen estar cómodos con distancias cortas al interactuar con otras personas, mientras que en Norteamérica valoran más el espacio personal.

Si estás intentando entender el verdadero significado de lo que una persona dice, entonces asegúrate de prestar atención a su lenguaje corporal. El lenguaje corporal de una persona puede revelar lo que realmente piensa, siente o insinúa; sin embargo, para analizar el lenguaje corporal de una persona debes ser observados, pero esto no significa que debas mirar fijamente o comértela con los ojos.

Capítulo Siete: PNL y Anclaje

Las anclas de la PNL son una forma rápida y sencilla de sintonizar un estado mental resolutivo a voluntad. No hay nada mejor que sentir emociones positivas con solo accionar un interruptor. En esta sección, aprenderás sobre el concepto de anclaje y las formas de crear esas anclas.

Una de las herramientas más importantes de la programación neuro-lingüística que puedes usar para aumentar tu seguridad en ti mismo, el interés y sentirte relajado es el anclaje. Es una técnica sencilla que te ayuda a convertir cualquier sentimiento negativo o indeseado en algo positivo y resolutivo en poco tiempo. Cuando creas un ancla de PNL, estableces una respuesta involuntaria a estímulos para sentirte inmediatamente de la forma que quieras, cuando quieras. En PNL, la palabra anclaje hace referencia a un proceso que te permite asociar una reacción interna con un desencadenante externo o interno, de manera que puedas cambiar rápidamente tu respuesta a tal estímulo.

El anclaje es una técnica que puede parecerse a la técnica de condicionamiento desarrollada por Pavlov; al menos, parecen similares en la superficie. En la técnica de condicionamiento utilizada por Pavlov, se creó una asociación entre la salivación en un perro y el sonido de una campana. Pavlov asoció el sonido de la campana con alimentar a sus perros, así que los perros automáticamente crearon la conexión de que el sonido de la campana indicaba que era la hora de comer. Finalmente, Pavlov se dio cuenta de que con solo hacer sonar la campana, sus perros empezaban a salivar, incluso cuando no los alimentaba. La teoría está basada en la premisa de que una señal o un estímulo externo puede provocar una respuesta conductual. La asociación formada es espontánea y no basada en una elección. La fórmula del condicionamiento estímulo-respuesta del conductista ayuda a condicionar la respuesta o la conducta de un sujeto frente a un estímulo específico.

En PNL, el anclaje es una forma de condicionamiento relativo que incluye conexiones entre varias emociones y experiencias, en lugar de restringirlo a señales externas o respuestas conductuales. Por ejemplo, la reacción o el sentimiento interno que experimentas cuando recuerdas un cuadro en particular puede ser un ancla para ti. El tono de tu voz puede ser un ancla que asocie ese tono con un sentimiento particular de emoción o seguridad. Con el anclaje tienes la opción de establecer para ti una asociación de ese tipo. En vez de tener una reacción que sea una respuesta inconsciente, el anclaje es una herramienta que te ayuda con la autorrealización. El anclaje es una herramienta eficaz que te ayuda a crear y reiniciar un proceso mental asociado con el aprendizaje, la creatividad y la habilidad de concentrarte, además de otras experiencias importantes.

La analogía del ancla usada en PNL tiene, ciertamente, un significado. Un ancla ayuda a estabilizar un barco para que no flote a la deriva y se mantenga en un mismo punto. Un ancla es lanzada por la tripulación de un barco para mantenerlo estable y en un lugar concreto. En PNL, un ancla es un ancla psicológica que ayuda a generar una respuesta, no es un estímulo mecánico. Si extendemos la analogía del barco, en términos de la psicología humana, el ancla se refiere a una experiencia en nuestra consciencia. Las anclas son puntos de referencia que ayudan a encontrar experiencias específicas y mantener nuestra concentración ahí para evitar que vaya a la deriva. Visualiza lo que sería, en un instante, pasar de sentirte aprensivo a sentirte seguro y capaz en una reunión estresante, donde todos los ojos estén centrados en ti, o cuando estés lidiando con un problema. Esto simplificaría tu vida, ¿verdad?

El concepto del ancla de PNL es bastante sencillo. Hace referencia a la conexión existente entre un estímulo y la respuesta emocional de un individuo. Las anclas de PNL funcionan porque, cuando una persona empieza a revivir una emoción intensa y, en el pico de esa experiencia, usa un estímulo concreto, entonces el individuo forma una conexión neurológica entre los dos sucesos. Como ya se mencionó, funciona de la misma manera en que Pavlov condicionó a sus perros para que salivaran al escuchar el sonido de una campana. La mayor parte del tiempo, todos usamos anclas de PNL y lo hacemos de involuntariamente. Por ejemplo, una letra M grande, amarilla y brillante puede significar una comida mala y barata o una comida sabrosa que te hace sentir bien. Cuando estás conduciendo y te aproximas a un semáforo que se pone rojo, puede ser un ancla para sentir rabia o algo de frustración, en función de tu temperamento en ese momento.

La buena noticia sobre las anclas es que tienes la opción de anclar, en particular, desencadenantes de estados emocionalmente positivos. Esto significa que puedes sentirte seguro, feliz y enérgico o experimentar cualquier emoción positiva cuando tú quieras. Para habilitar esta reacción, tienes que ser capaz de usar tu imaginación y disponer de en torno a diez minutos. Según la fuerza del recuerdo que uses como ancla, esta puede durarte desde un par de semanas hasta un mes.

Es maravilloso tener el control de tu estado mental. Estar al mando te da el poder de cambiarlo cuando quieras. Imagina que puedes sentirte feliz, seguro, relajado o experimentar cualquier otra emoción positiva a voluntad. Imagina que puedes cambiar la forma de sentirte a voluntad. Si quieres hacerlo, entonces el anclaje es la mejor técnica. La forma en que reaccionamos puede ser tanto intencionada como involuntaria. Por ejemplo, si tocas algo caliente, ¿quitas la mano rápidamente o piensas en la acción que debes realizar? Obviamente, quitas la mano de inmediato.

Esa es una respuesta involuntaria que forma parte de tu subconsciente. De forma similar, cuando algo está anclado, tu reacción a esa situación será automática y no tendrás que pensar en lo que necesitas hacer. Ese tipo de asociación puede ser tanto buena como mala. Por ejemplo, la comida que hace tu abuela puede recordarte tu infancia. O, quizás, cada vez que pases por un lugar o veas un objeto puedes recordar una mala experiencia.

Lo que pasa con las anclas es que pueden ser tanto positivas como negativas. Como se mencionó anteriormente, creamos algunos desencadenantes sin saberlo. Estos pueden ser positivos o negativos. Es importante deshacerse de los desencadenantes negativos y reemplazarlos por otros positivos. Por ejemplo, si pasas por un lugar determinado o llevas cierta camiseta, ¿te recuerda a una mala época de tu vida? ¿Quizás estabas saliendo de una mala relación y ese lugar o prenda de ropa te recuerda a ese mal momento? Si estás echado en el sofá durante mucho tiempo, ¿te hace sentir perezoso y ligeramente deprimido y empiezas a comer comida basura? ¿Alguna vez sientes la necesidad de darte atracones de comida poco saludable cuando estás decaído? Estos son ejemplos de anclas negativas que tu mente puede crear. Puedes crear anclas positivas y, de la misma forma, puedes librarte de las negativas. La **psicología positiva** es la base del anclaje y aprenderás a establecer anclas positivas en la siguiente sección.

El anclaje es una técnina sencilla que te permitirá crear o romper ciertas asociaciones de forma consciente. Usa diferentes estímulos, como sonidos, imágenes, sensaciones, olores o sabores para desencadenar una respuesta deliberadamente. De hecho, sabiéndolo o no, usamos esta técnica en nuestra vida diaria. Por ejemplo, las marcas usan anclas en sus anuncios. Usan anclas que asocian sus productos con un sentimiento particularmente positivo al mostrar a personas felices, diversión o éxito. La parte mala de esta técnica es que también puede crear asociaciones negativas. Por ejemplo, si llevas puesta una ropa durante una situación dolorosa, puedes sentirte incómodo cada vez que te pongas esa determinada prenda. Si llevas, por ejemplo, una falda durante una operación maxilofacial, cada vez que te la pongas podrías recordar el malestar que sufriste. Tu mente se las habrá ingeniado para crear una asociación entre la prenda de ropa y el suceso incómodo. La mayoría de las anclas se crean de forma accidental; sin embargo, puedes crear anclas positivas de forma deliberada para recordarte algo bueno.

Puedes crear un ancla en todos los sistemas de percepción. Puedes crear anclas visuales, auditivas, kinestésicas, olfatorias o gustativas. Un ancla visual usa imágenes que pueden traerte recuerdos o sentimientos asociados con un color que puede ponerte de un determinado estado de ánimo. Un ancla auditiva puede ser una canción que te recuerde una situación en particular – como escuchar una sirena y ponerte alerta. Las anclas kinestésicas como un abrazo o la sensación de la brisa pueden recordarte a una persona o lugar especial. Las anclas olfativas desatan tu sentido del olfato. Por ejemplo, el olor de un perfume puede recordarte a alguien. Las anclas gustativas desatan el sentido del gusto. Por ejemplo, el sabor de un plato puede recordarte algo de tu infancia.

El anclaje se utiliza para acceder a sentimientos, estados mentales o recursos siempre que quieras para poder reemplazar sentimientos indeseados con algo más placentero. También puede ayudarte a controlar tus emociones y reacciones. Cuando eres capaz de controlar tus emociones y reacciones, puedes tener un mejor control sobre las situaciones de tu vida. Por ejemplo, si estás estresado o ansioso, puedes usar un ancla de felicidad para acceder a un recuerdo feliz que te haga sentir mejor contigo mismo instantáneamente.

Ahora que ya sabes lo que es un ancla en PNL, lo siguiente que necesitas saber es cómo crearlas tú mismo. Hay un acrónimo sencillo que puedes usar para recordar los parámetros para crear un ancla. El acrónimo es I-TURN, que quiere decir:

- Intensidad.

- Sincronización (del inglés *timing*).

- Unicidad.

- Replicabilidad.

- Número de veces.

Ahora, entendamos esos parámetros para crear un ancla poderosa. El primer parámetro que un recuerdo debe cumplir, si quieres usarlo como ancla, es la intensidad. Si quieres que el ancla sea poderosa, entonces el recuerdo que uses debe ser poderoso. Todo lo que tienes que hacer es optar por un recuerdo fuerte y retoca ligeramente las submodalidades (un subconjutno de modalidades – visual, auditiva, olfativa, gustativa y kinestésica) del recuerdo para hacerlo más intenso.

El segundo parámetro en el que debes centrarte es la sincronización. La idea es usar un ancla cuando los sentimientos de felicidad asociados con el recuerdo estén en su punto máximo. Si lo haces así, serás capaz de generar una respuesta fuerte. La mejor manera de perfeccionar la sincronización del recuerdo antes de usarlo como ancla es revivirlo en tu mente. Revisa el recuerdo y fíjate en el momento en que tus emociones estén en su punto más alto.

El tercer parámetro que un recuerdo debe cumplir si quieres usarlo como ancla es su unicidad. La unicidad en este contexto hace referencia al estímulo y el significado que quieres que tenga un cierto detonante. Por ejemplo, un desencadenante habitual es frotarse el lóbulo de la oreja o los dedos. Puedes elegir el que quieras, pero asegúrate de que, sea el que sea, puedas hacerlo en público sin ofender a nadie.

El cuarto parámetro es la replicabilidad. Replicabilidad significa que debes ser capaz de replicar el ancla de la misma manera en que la creaste sin que suponga un problema. Si tienes pensado usarla en público, tienes que asegurarte de que no incluya movimientos inapropiados. Por ejemplo, el desencadenante no puede involucrar tocarte de forma inapropiada.

El último parámetro es cuántas veces lo usas. Cuanto más alto sea el número de anclas, mejor. Como en todo en la vida, cuanto más te esfuerces, mejor lo harás. Lo ideal es pasar en torno a 30 minutos estableciendo un ancla de PNL. Si lo haces, entonces el ancla que crees será bastante poderosa. Si no te gusta la idea de pasar 30 minutos en esta tarea, piensa que una vez que crees un ancla no tendrás que volver a hacerlo. Piensa en el tiempo que requiere como en una inversión. Sin embargo, si realmente no tienes tiempo que perder, entonces puedes crear un ancla en 10 minutos, pero entonces necesitarás otros 10 minutos cada semana para refrescarla.

Pasos para Crear un Ancla

Ahora que ya sabes lo que es un ancla y los parámetros que necesitas tener en mente al establecerla, el siguiente paso es crear una. Es bastante fácil crear un ancla. Para ello, sigue los sencillos pasos que verás en esta sección.

Elegir un Recuerdo

El primer paso es elegir un recuerdo. No cojas uno al azar. El recuerdo por el que optes debe tener asociados sentimientos fuertes. Si quieres un ancla para ganar seguridad, entonces necesitas elegir un recuerdo de algo que te hizo sentir seguro. Si quieres un ancla para que dé motivación, elige un recuerdo que encuentres motivacional, o si crees que nunca te has sentido así, entonces puedes crear un ancla imaginándote de una forma resolutiva; sin embargo, un ancla es más poderosa si el recuerdo es algo que sí has vivido.

Asociar

Revive el recuerdo como si estuvieras viéndolo a través de tus ojos. Cuanto más vívida y específica sea tu imaginación, mejor será el ancla. Cierra los ojos y vuelve a imaginar la situación o la experiencia que quieres usar como ancla. Intenta experimentar las emociones tan vívidamente como puedas.

El Sentimiento

Una vez que empieces a experimentar un sentimiento positivo, crea un desencadenante. Un detonador sencillo puede ser frotar tus dedos. Así, cuando frotes tus dedos, desencadenas un recuerdo específico. El sentimiento que quieres volver a experimentar tiene que ser positivo.

Liberar

Cuando la emoción que experimentas esté en su punto álgido, libera el desencadenante. Puede necesitar algo de práctica, pero entenderás lo que tienes que hacer después de un par de intentos.

Prueba

Para romper con ese estado, debes hacer algo completamente distinto durante unos treinta segundos. Después de eso, debes poner a prueba tu ancla. Así que, si tu detonante es frotarte los dedos, cuando lo hagas debes experimentar las mismas sensaciones que en tu recuerdo.

Repetir

Para que funcione, necesitas trabajar en el ancla. Tienes que repetirla, al menos, tres veces para que se te quede. Inicialmente, puede llevarte un par de intentos desencadenar un recuerdo. Con un poco de práctica, puedes ver los resultados de forma casi inmediata. Trabaja en crear una asociación fuerte entre el recuerdo y el detonante.

Capítulo Ocho: PNL para la Procrastinación y las Creencias Negativas en Particular

PNL para la Procrastinación

Veamos un sencillo ejercicio de PNL que puedes usar para superar la procrastinación.

Cierra los ojos e imagínate trabajando en alguna tarea y las acciones que tienes que realizar. Imagínate todos los pasos necesarios para lograr terminar esa tarea. Ahora, fíjate en tus expresiones con los ojos de la mente. ¿Te ves feliz y relajado? ¿Cómo te hace sentir?

Ahora, imagina el mismo ejemplo, pero esta vez tienes que verlo a través de los ojos de tu *yo* futuro. ¿Qué verás, oirás y sentirás? Imagina cómo te sentirás en el futuro después de haber completado la tarea.

Ahora tienes que hacer esta imagen más grande y acercarte más. Ajusta el brillo si quieres intensificar los sentimientos que experimentes. Si sientes que las emociones se están desvaneciendo, vuelve a la configuración anterior. Es algo similar a editar una foto. Enfoca, ajusta, recorta cosas o haz lo que sea necesario para que la visualización parezca más real.

Una vez que lo hagas, piensa en tres beneficios que has obtenido al completar la tarea. Puedes haber logrado o no tu objetivo, pero has completado la tarea. Puede que ese proceso fuera una experiencia de aprendizaje para ti; puede que hayas descubierto alguna fortaleza de la que no eras consciente o puede que hayas descubierto algo que te guste.

Considera esos tres beneficios que obtendrás si superas la procrastinación y trabajas en tu objetivo.

Ahora, considera los tres beneficios que no obtendrás si dejas que la procrastinación te retenga y no haces nada.

Una vez que hagas todo esto, tendrás la perspectiva necesaria para trabajar en esa tarea y superar la procrastinación.

PNL par Superar las Creencias Negativas

Puedes empezar a desarrollar tu fortaleza mental fijándote objetivos razonables. No se trata solamente de fijar objetivos, sino de dar los pasos necesarios para conseguirlos. Si quieres empezar a trabajar para lograrlos, tienes que aplicarte. Esto quiere decir que debes obligarte a seguir el plan establecido hasta que consigas los objetivos que te has marcado, incluso cuando estés aburrido o confuso. No va a ser fácil, así que no dejes que te asuste. La práctica hace la perfección, ¡es un dicho muy cierto! ¡Sigue practicando y mejorarás! Si te has marcado grandes metas y parecen imposibles, prueba a dividirlas en pasos más manejables y fáciles de hacer. Por ejemplo, si quieres convertirte en una persona asertiva, tu primer paso debe ser hablar por ti mismo, al menos, tres veces a la semana. Pueden ser instancias mayores o menores, pero debes hablar por ti mismo. Desarrolla una mentalidad de "sigue adelante". Incluso si te enfrentas a un obstáculo o un contratiempo, sigue intentándolo y no te rindas. Empieza a ser resiliente y no te preocupes por los problemas que puedas encontrarte. El objetivo es seguir adelante hasta que consigas lo que quieres. Piensa en todos los fracasos como una oportunidad para aprender – y, por favor, aprende de ellos. Cada día es un nuevo día, así que no dejes que los problemas del pasado te acechen.

La negatividad puede acercarse rápida y sigilosamente. Puede ramificarse de una emoción negativa que albergues en tu interior o puede deberse a algo externo, como un feedback negativo o personas tóxicas a tu alrededor. Mientras que algunas cosas escapan de tu control, una cosa que sí puedes controlar es la forma en que te sientes acerca de ti y tu vida. No permitas que la negatividad viva en ti. No puedes controlar lo que los demás piensan sobre ti, pero sí puedes controlar cómo lo haces tú. Hay diferentes formas de controlar la negatividad. Puedes empezar por identificar y desafiar esos pensamientos negativos. Puedes reducir tu interacción con personas tóxicas y dañinas. Si crees que estás en una relación tóxica, aprende a liberarte de ella. No mantengas la negatividad en ninguna de sus formas.

Habla contigo mismo de forma positiva para incrementar tu fortaleza mental. Hacer uso de afirmaciones positivas te ayudará a desarrollar una perspectiva positiva mientras te deshaces de toda la negatividad que te rodea. Tómate un par de minutos para mirarte en el espejo y dite algo positivo y motivacional. Puedes decir algo en lo que creas o algo que te gustaría que fuera verdad.

Cuando aprendes a controlar tus emociones, en vez de dejar que te controlen ellas, te estás dando la oportunidad de sopesar tus opciones antes de tomar una cierta decisión. Tómate un minuto y cuenta hasta diez antes de dejar que cualquier emoción negativa te rebose. Puede parecer un cliché, pero funciona. Antes de tener una reacción emocional frente a algo, tómate un momento para recopilar todos tus pensamientos y reaccionar apropiadamente. También puedes probar la meditación, ya que te puede ayudar a mantener la calma.la meditación puede ayudarte a ser objetivo, a la vez que te da el tiempo necesario para ser consciente de tus pensamientos y emociones. En vez de reaccionar inmediatamente, puedes valorar tus pensamientos y emociones para pensar en tu siguiente paso.

Si eres muy sensible a las pequeñas molestias y las puyas o burlas verbales que todos encontramos en el día a día, acabarás volviéndote un poco amargado. Además, perderás mucho de tu preciado tiempo y energía en pensar en cosas innecesarias que no importan al fin y al cabo. Cuando empiezas a pasar tiempo pensando en ese tipo de cosas y a prestarles atención, las estás convirtiendo en un problema significativo que aumentará tu estrés. Aprender a ajustar tu actitud puede ayudarte a dejar pasar este tipo de cosas sin que contribuyan a tus niveles de estrés. No solo estarías evitando la pérdida de tiempo y energía, sino el inconveniente de tener que lidiar con más estrés. En vez de estresarte por esas cosas, debes desarrollar una rutina saludable de pensar en las cosas que te molestan, respirar hondo, calmarte y, una vez que estés tranquilo, pensar en la mejor manera de lidiar con esos problemas.

Por ejemplo, si tu pareja sigue olvidando ponerle la tapa a la pasta de dientes después de usarla, entiende que para tu pareja no es una cosa tan importante como lo es para ti. Si eso te molesta, piensa en todas las demás cosas que tu pareja hace por ti que te hacen sentir bien y, en comparación, verás que puedes dejar pasar este pequeño fallo. No intentes ser muy perfeccionista, por lo menos no todo el tiempo. Cuando haces eso, te pones unas expectativas muy altas que no suelen ser nada realistas. Trata de ser realista cuando pienses en las cosas y no dejes que la idea de la perfección suponga un estrés o una carga adicional.

Puedes hacer uso de un sencillo ejercicio de visualización que te ayudará a dejar pasar las pequeñas cosas que te molestan. Coge una piedra pequeña y colócala dentro de la mano. Transfiere todos los pensamientos negativos a la piedrecita. Cuando estés listo, tira la piedra lo más lejos que puedas o al fondo de un estanque. Visualiza todos esos problemas ahogándose junto con la piedra que se hunde. Estás abandonando todas tus emociones negativas.

Tendemos a dejar que los problemas nos atrapen de tal forma que no podemos ver las cosas desde otra perspectiva. Una nueva actitud hacia problemas existentes puede ayudarte a resolverlos. Si sientes que estás en un callejón sin salida con algo, respira hondo y relájate.una vez que te sientas más fresco, empieza a pensar en formas en las que puedes abordar el problema. Si cambias la forma de enfocarlo, es posible que encuentres una solución en poco tiempo. Aquí tienes un par de cosas distintas que puedes intentar para tener una nueva perspectiva de las cosas.

Empieza a leer. Leer las noticias diarias o un libro puede ayudarte a entrar en el mundo de otra persona y esto sirve como recordatorio de que el mundo es un lugar muy grande y que tus problemas pueden no ser significativos en comparación con la inmensidad del universo en que vivimos.

Las personas mental y emocionalmente fuertes suelen ser felices con lo que tienen. Normalmente, tienen una perspectiva positiva de la vida y no se quejan mucho. Eso no quiere decir que no tengan problemas. Por supuesto, tienen problemas como todo el mundo, pero la diferencia entre ellos y los demás es que pueden ver la imagen completa y ver que los desafíos a los que se enfrentan son parte de la vida. Mantener una perspectiva positiva de la vida te dará la fuerza mental y emocional que necesitas para abordar cualquier problema que te encuentres.

Recuerda que los malos tiempos pasan y los buenos esperan al doblar de la esquina. No pierdas la esperanza.

La habilidad de enfrentar la realidad es una señal de fortaleza mental y emocional. Si vas a superar un obstáculo o un reto, entonces debes ser capaz de abordarlo de frente. Mentirte sobre los problemas no hará que desaparezcan y acabarás haciéndote daño en el proceso. Si comes demasiado cuando estás triste o estresado, acepta el hecho de que hay un problema que debe ser abordado. No busques rutas de escape y trata de ser honesto contigo mismo.

Lidiar con la Vida

Cuando sientas que estás atascado en una situación difícil, tómate un tiempo para pensar bien las cosas. No reacciones instantáneamente y no tomes decisiones apresuradas. Esto te dará tiempo suficiente para que tus emociones se disipen y puedas sopesar tus opciones con una mente más abierta. Es esencial que lo hagas, independientemente de la situación en la que te encuentres. Si te lo puedes permitir, tómate un tiempo y haz una lista de pros y contras de la situación. También apunta cómo te sientes. Trata de encontrar puntos positivos sobre esa situación en la que te encuentras, eso puede ayudarte a cambiar tu perspectiva de las cosas.

A veces, el más mínimo cambio de percepción puede suponer una gran diferencia. Sigue la regla de los diez segundos. Date diez segundos para que algo se asiente antes de expresarte. Incluso si tu pareja te dice que quiere terminar con la relación, tómate diez segundos para recomponerte y después responder.

Una vez que te hayas recompuesto, antes de decidir el curso de acción, piensa claramente sobre las circunstancias en que te encuentras. ¿Qué sucedió y cuáles son las opciones posibles? Siempre habrá más de un camino que puedas seguir. Por ejemplo, asumamos que un amigo te pide que hagas algo moralmente incorrecto y estás dividido entre tu lealtad hacia tu amigo y tu sentido de la moral. Ahí tendrás que poner los pros y contras en una balanza para decidir en consecuencia.

Haz uso de tu voz interior o tu conciencia para que te guíen. Confía en tus instintos y seguramente harás lo correcto. A veces, la respuesta puede ser muy clara, pero otras puede ser difícil hacer lo correcto. No dejes que el problema se convierta en una molestia mayor de lo que ya es. Tienes que tomar una decisión y ser consecuente. Siempre puedes pedir la opinión de otras personas y valorarlas antes de decidir; sin embargo, recuerda que la decisión debe ser tuya y de nadie más. Si te sientes atascado, piensa en lo que alguien que admires haría en una situación así. La decisión que tomes debe ser algo con lo que puedas vivir. No hagas algo solamente porque otra persona piense que es buena idea. Hazlo porque quieres hacerlo.

Con frecuencia, solemos darnos cuenta de que nuestras mentes están inundadas de pensamientos negativos. Esos sentimientos negativos pueden volverse bastante poderosos si sigues dándoles vueltas indefinidamente. El problema empieza cuando te centras en esos pensamientos y se vuelven más fuertes de forma natural. Hacerlo hace que sea más difícil liberarte de la rutina mental en la que te encuentras. En este capítulo, aprenderás un par de cosas sencillas que puedes hacer para controlar tus pensamientos.

Tomar Decisiones Conscientes

El problema es que, a veces, nos apegamos a ciertas ideas y complicaciones e, inconscientemente, obtenemos algún tipo de placer de pasar por esos problemas. Si sigues, subconscientemente, invitando a esos pensamientos negativos, nunca serás capaz de dejar de pensar en ellos. Por lo tanto, el primer paso es tomar la decisión consciente de aclarar tu mente y dejar de repetir esos pensamientos negativos en un bucle constante. Sé consciente del impacto de esos pensamientos negativos sobre ti y evita que se queden atrapados en tu cabeza. Haz un esfuerzo consciente por evitar que sigan habitando en tu mente.

Separar tus Pensamientos

Cuando trates de detener puntos de vista individuales, verás que parece increíblemente difícil. Esto se debe a que las ideas son una parte muy significativa de tu proceso mental. La segunda fase es separarte de tus pensamientos. Cuando un pensamiento surja en tu cabeza, debes verlo como si viniera de una fuente externa. Esto ayudará a reducir el impacto que los pensamientos negativos tienen en tu mente. Cuando te des cuenta de que, de hecho, puedes lograr esa distracción, puedes empezar a modular las ideas que tienes. Debes ser capaz de controlar tus pensamientos, no al revés.

¿Quién Está Teniendo esos Pensamientos?

Tienes que entender dónde se originan tus pensamientos. Cuando te viene una idea, primero intenta entender el motivo por el que estás pensando de esa manera concreta. Date cuenta de que tus pensamientos pueden ser controlados. Cuando te venga a la cabeza un pensamiento negativo, intenta desviar tu atención hacia algo positivo. Si ves que no eres capaz de hacerlo, prueba a pensar en la causa de tal pensamiento.

Capítulo Nueve: PNL para los Miedos y las Fobias

Superar el Miedo y la Indecisión

Puedes usar técnicas de PNL en todos los aspectos de tu vida. Todos experimentamos duda, miedo y otras fobias en algún momento de nuestras vidas. Incluso los mejores están destinados a preguntarse de vez en cuando si son lo suficientemente buenos. Incluso puede que te preocupe que puedas hacer algo que te haga parecer estúpido o tonto en frente de los demás. Estos miedos pueden evitar que hagas una audición para una obra, aprendas a bailar, hables en público o que hagas cualquier cosa que quieras. El miedo es un gran obstáculo que todos enfrentamos alguna vez. El miedo puede ser tanto real como imaginario. Independientemente de lo que sea, el miedo tiene un efecto paralizante que puede evitar que consigas grandes cosas en la vida.

La inactividad puede engendrar miedo y la única forma de superarlo es pasar a la acción. En vez de actuar o buscar medios de superar el miedo, mucha gente duda. Esa duda puede marcar la diferencia. La gente suele pensar que "ahora mismo no tengo ganas" o "ahora no me siento bien, ya haré algo al respecto cuando esté al cien por cien". Sin embargo, eso son solo palabras y ese día puede no llegar nunca. Una excusa frecuente es la falta de tiempo o el miedo a decepcionar a otra persona. Hay mucha gente que quiere cambiar de trabajo, pero les da miedo hacerlo. A menudo se dicen a sí mismos, al igual que a quienes los rodean, que son demasiado viejos para cambiar de trabajo o que perderán esa seguridad laboral. Como aprenderás en este capítulo, nunca eres demasiado viejo para hacer cambios y todos los miedos que te retienen no son más que ilusiones.

Incluso si es difícil de creer, parece que hay algún tipo de comodidad en no hacer nada. Algunos, sencillamente, creen que los demás tienen éxito porque la suerte les sonríe o tienen alguna habilidad innata que les hace conseguirlo. Si piensas así, entonces eres miembro del club de los quejicas y los envidiosos. En vez de preocuparte por el éxito de los demás y achacar tu falta de éxito a la mala suerte, es momento de pasar a la acción.

Si quieres conseguir algo en la vida, tienes que cambiar y correr algunos riesgos. No hay recompensa sin riesgo y el cambio es esencial para crecer. Si realmente quieres cambiar tu forma de pensar y dejar ir todos los miedos que te retienen, entonces la PNL es tu respuesta. Hay distintas técnicas positivas que la PNL sugiere que puedes usar para controlar tus miedos y superar cualquier fobia.

Ahora que ya sabes lo que son las anclas en PNL, usar esa técnica puede ser útil. Cuando la hayas practicado, puedes seguir adelante y probar el ejercicio que discutiremos en esta sección. Puedes hacerlo por tu cuenta o buscar a alguien con quien hacerlo.

Lo primero que tienes que hacer es sacar algo de tiempo para ti y pensar en algún momento en que te enfrentaste a un obstáculo para lograr algo que querías. Quizás no encontraste el valor para pedir el aumento que pensabas que te habías ganado o no pudiste leer ese libro que querías y que tanto tiempo llevaba en tu estantería.

Imagínate ese suceso en particular en tu mente tan claro como te sea posible. Siente todas las emociones que experimentaste. Escucha los sonidos asociados a ellas. Tan pronto como la imagen sea clara, ancla ese sentimiento a una parte de tu cuerpo.

Piensa en todas las veces que encontraste una barrera y lleva a cabo la misma rutina de visualización. Siéntelas y realiza los procesos de anclaje de la misma manera.

Ahora, intenta pensar en la frustración o el arrepentimiento que sentiste por no hacer esas cosas que querías y ánclalos también.

Cuando lo hayas hecho, visualiza una ocasión en la que hayas dado los pasos necesarios y fuiste a por algo que querías. Puede que necesites ahondar un poco. El momento específico que estás buscando puede parecerte significativo o no. Independientemente de lo que pienses, hace referencia a un momento de tu vida en que hiciste algo que querías a pesar de tus aprensiones.

Ahora, crea una imagen grande de este evento en tu cabeza. Experimenta lo que viste, escucha lo que oíste y siente lo que sentiste. Transforma esta imagen en una película y mira cómo lograste aquello que querías.

Deja que ese sentimiento de satisfacción te inunde y, mientras lo hace, ánclalo a otra parte de tu cuerpo.

El siguiente paso es deshacerte de la primera ancla y, mientras lo haces, piensa en todas las veces en que te frenaste. Mientras ese sentimiento burbujea dentro de ti, dispara la segunda ancla, mantenlas juntas y después libera la primera. Ahora, repite el proceso de liberar las anclas para que esos sentimientos de frustración se vayan acumulando hasta tal punto que sientas la necesidad de hacer algo al respecto.

Puedes usar este sencillo ejercicio para superar cualquier miedo que tengas. Hay otro ejercicio que puedes probar para disipar el miedo y la duda.

Este ejercicio que estás a punto de aprender fue diseñado por Stephen Ruden y Ronald Ruden. Se le conoce como *Havening* (refugio en inglés) y es bastante efectivo.

Como con cualquier otro ejercicio, primero debes leer todas las instrucciones con cuidado antes de empezar. Si lo necesitas, vuelve a leer lo que haga falta hasta que lo entiendas por completo.

Lo primero que debes hacer es pensar en una barrera que tengas y el lo mal que te hace sentir. Una vez que elijas una barrera en concreto, califícala en una escala de 1 a 10 – siendo 10 lo peor. Tienes que calificarla para que puedas medir tu progreso más adelante.

Después de esto, por la mente en blanco y empieza a pensar en algo placentero. Ahora, con las dos manos, tócate las clavículas simultáneamente. Mantén la cabeza quieta, sigue tocándote las clavículas, mira hacia adelante y mantén los ojos abiertos. Mientras tocas tus clavículas y miras hacia adelante, mira a tu izquierda y, después, a tu derecha.

Sigue tocándote las dos clavículas y mantén la cabeza quieta. Ahora, mueve los ojos en círculo – primero a en sentido horario y, a continuación, antihorario.

El siguiente paso es cruzar los brazos. Cuando los cruces, levántalos lentamente hasta que cada mano descanse en la parte superior del hombro correspondiente. En cuanto tus manos toquen tus hombros, cierra los ojos.

Empieza a darte golpecitos con las manos en los hombros y ve bajando – empieza en los hombros, baja hasta los codos y vuelve a subir. Sigue repitiendo este movimiento.

Mientras lo haces, visualízate bajando una planta por la escalera. A medida que bajas, cuenta hasta 20 en cada escalón que bajes. Cuando llegues a 20, puedes cantar o tararear las tres primeras líneas del "cumpleaños feliz".

Relaja ya los brazos y déjalos a los lados de tu cuerpo. Relaja tu cuerpo, abre los ojos lentamente y mira hacia arriba. Mira hacia arriba y hacia abajo; después, mueve los ojos de izquierda a derecha y de vuelta a la izquierda. Repite esos movimientos tres veces.

Cierra los ojos y respira profundamente. Inhala y exhala lentamente. Mientras exhalas, tócate los brazos suavemente y repite el proceso cinco veces.

Ya puedes abrir los ojos. Piensa en el obstáculo y califícalo en una escala de 1 a 10. Cuando estés tranquilo y sereno, te darás cuenta de que el bloqueo que te preocupaba ya no da tanto miedo. A lo mejor no ha mejorado todo lo que te habría gustado, pero aun así algo ha mejorado. Tienes que repetir este ejercicio un par de veces y cada vez verás que el obstáculo será menos y menos preocupante.

Puedes realizar este sencillo ejercicio cuando quieras, en cualquier situación estresante. El objetivo de este ejercicio es calmar tu mente para que puedas trabajar de forma lógica en superar cualquier miedo. Al dejar pasar el momento de pánico, puedes contemplar racionalmente lo que hay que hacer.

Superar Fobias

Si tienes algún miedo o alguna fobia, aquí tienes algunas formas de lidiar con ello.

Evitar

La forma más sencilla de lidiar con una fobia es evitar lo que sea que te dé miedo. Ciertamente, esto no será un problema si tienes miedo a los tiburones blancos, los dinosaurios o algo parecido. Será más problemático si te dan miedo las agujas, las arañas o el queso. Tu fobia no tiene que ser, necesariamente, una cosa tangible; puedes tener fobia de cosas que no puedes ver, sino sentir, como miedo a una relación o al compromiso. Así que, ¿cómo lidias con ese tipo de cosas? ¿Cómo evitas sentimientos y demás cosas relacionadas con ellos? La evasión es una forma de tratar el síntoma, no la causa. Además, evitar el problema puede intensificar tu miedo y eso no es algo deseable. La gente suele hacer lo impensable para evitar cosas y eso puede suponer grandes trastornos en sus vidas. Si haces lo impensable por alejarte de alguien porque tienes miedo al compromiso, trastornarás tu vida y no lidiarás con el problema.

Desensibilización

Puedes desensibilizarte de algo que te da miedo. Por ejemplo, asumamos que tienes una fobia grave a las serpientes. Vas a ver a un terapeuta para que te ayude con este problema. Durante la primera sesión, tu terapeuta deambula por el otro lado de la habitación, abre un libro y te muestra una imagen de una serpiente desde unos 7 metros. Puede que tu corazón se salte uno o dos latidos, pero estarás bien. Durante la segunda sesión, el terapeuta coloca el libro más cerca, digamos a 3 metros, y te muestra la imagen de la serpiente durante 10 segundos. Después de un tiempo, el terapeuta coloca el libro a tu lado y sigues estando bien. Después de esto, el terapeuta mueve una serpiente de plástico delante de ti. Al poco tiempo te acostumbrarás y dejará de asustarte tanto como al principio. Entiendes la idea de esta técnica, ¿verdad?

La premisa de este ejercicio es exponerte lentamente a lo que te dé miedo y reducir tu sensibilidad a ello. Puedes usar esta lógica para tratar con cualquier problema que puedas tener. Por ejemplo, si tienes miedo al compromiso y estás en una relación, el primer paso será decirle a tu pareja que la quieres. Ahora, date un par de semanas para acostumbrarte a esa idea antes de dar el siguiente paso. A lo largo de unos meses podrás decirle a tu pareja que la quieres sin cerrarte en banda.

Inundación

Si piensas que la desensibilización no te va a funcionar, entonces el siguiente ejercicio que puedes intentar es la inundación. Continuemos con el ejemplo anterior de la fobia a las serpientes. La próxima vez que vayas a una sesión de terapia, imagina que tu terapeuta tira de una palanca y caes en una trampa. Caes al suelo, pero estás bien. Estás bien y estás en una jaula. Crees que todo está bien y luego miras a tu alrededor para darte cuenta de que estás rodeado de serpientes. Estar en un lugar cerrado con algo que te asusta puede abrumar tus sentidos al principio, pero después de un rato, te acostumbras.

Otra técnica sencilla que puedes probar es racionalizar tu miedo. Para racionalizar algo de lo que tienes miedo, tienes que examinar la causa de ese miedo. ¿Qué es lo que te da miedo? ¿Es una cosa o un encuentro perturbador con una cosa como esa? Si puedes abordar el problema que dio origen a tu fobia, puedes hacerte cargo de tu fobia. Si tienes miedo al compromiso, tómate un momento para pensar en las razones por las que te asusta. ¿Cuándo te diste cuenta por primera vez que tenías miedo al compromiso? ¿Hay algo en tu pasado que pueda causar este miedo? Quizás fue una relación fallida o una mala infancia. Si puedes identificar la razón detrás de tu miedo, puedes racionalizarlo y abordarlo. Examina tu vida; examina el miedo y sus causas. Cuando lo hagas, podrás superarlo fácilmente.

Capítulo Diez: Otras Formas de Apoyar el Pensamiento Positivo

Duerme lo Suficiente

Dormir lo suficiente no solo te mantendrá sano, sino que te hará más feliz también. El dicho "acostarse temprano y levantarse temprano, hacen al hombre sano, rico y sabio" es cierto. Asegúrate de irte a dormir temprano y dormir unas siete u ocho horas de sueño ininterrumpido. Si no puedes levantarte por ti mismo por la mañana, entonces puedes poner una alarma. Tómate una hora para relajarte antes de irte a dormir. Puedes leer un libro, ver la televisión, dar un paseo o hacer cualquier otra cosa que te relaje. No se trata solamente del número de horas que duermas, sino que la calidad del sueño también importa.

Hábitos de Alimentación Saludables

Evita todo tipo de alimentos procesados que estén llenos de azúcar, grasas perjudiciales e hidratos indeseados. En su lugar, opta por alimentos saludables ricos en fibra, nutrientes y macronutrientes esenciales. La comida sana te nutrirá y hará que tengas más energía. La comida poco saludable como el chocolate o las patatas fritas pueden ser reemplazadas por fruta y frutos secos. Aquí tienes algunos consejos sencillos que puedes tener en mente para asegurarte de estar comiendo alimentos saludables.

Come carbohidratos complejos como cereales integrales y vegetales con hojas en lugar de almidones, como pan, pasta o pizza. Las comidas deben ser ricas en proteínas porque no solo te mantienen lleno por más tiempo, sino que es bueno para ti. Mantente alejado de los alimentos procesados y, en su lugar, elige aperitivos sanos como chips de kale, frutos secos, fruta o cualquier cosa que no esté llena de grasas saturadas y trans. Sustituye las bebidas azucaradas por agua (con gas o mineral). Hazte un plan de alimentación. Si te gusta cocinar, entonces experimenta con recetas y cocina algo diferente. La comida sana no tiene por qué limitarse a ensaladas aburridas, así que ten la mente abierta y ponte a prueba en la cocina. Si organizas tus comidas con antelación, puedes hacer todos los preparativos en tu día libre; esto simplificará todo el proceso.

Bebe Bastante Agua

El agua es buena para tu cuerpo y beber suficiente mejorará tu piel y eliminará las toxinas de tu cuerpo. Convierte en un hábito el beber, al menos, ocho vasos de agua al día. Si quieres, puedes añadir saborizantes y electrolitos al agua. Puedes añadir rodajas de limón, bayas, hojas de menta o rodajas de pepino para convertirla en detoxificante. Siguiendo estos cinco sencillos consejos puedes engañarte para beber agua.

Beber agua tiene que ser conveniente. Lleva una botella de agua o una cantimplora a donde quiera que vayas. Si tienes una botella de agua a mano, es más probable que bebas agua. En vez de refrescos con azúcar y bebidas azucaradas, puedes tomar bebidas sin edulcorantes cuya base sea agua. En vez de un frapuccino, tómate un café americano. Acostúmbrate a beber un vaso antes y otro después de cada comida. Ponte una meta y mide la cantidad de agua que bebes diariamente. Si haces un seguimiento de tu ingesta de agua, te motivarás a beber más. No te olvides de beber agua ni siquiera cuando salgas a beber con tus amigos. No dejes que tu cuerpo se deshidrate.

No te Olvides de Darte un Capricho

Esto no quiere decir que debes gastarte tu próximo salario en un bolso o un par de zapatos caros. En vez de eso, tienes que hacer cosas que nutran tu alma. Puede que haya un libro que quieras leer, así que tómate un día libre y hazlo. Si te gusta la jardinería, intenta sembrar tus propias especias. Tómate algo de tiempo lejos de este mundo tan ocupado, guarda todos los dispositivos y haz algo que de verdad disfrutes.

Si te sientes atascado con el trabajo todo el tiempo, tómate un descanso. Pide un par de días y ve a algún sitio. No tienes que organizar unas vacaciones my elaboradas o lujosas. Puedes ir a hacer senderismo o a pescar un fin de semana. Haz algo que lleves tiempo queriendo hacer y no hayas encontrado tiempo para ello. Resérvate un día en un spa o date un masaje. Mímate de vez en cuando y conecta con tu *yo* interior.

Los Amigos Importan

Pasa algo de tiempo con tus amigos. Tus verdaderos amigos son los que han estado ahí para ti en los buenos y los malos momentos de la vida. Son como un chaleco salvavidas, te mantienen a flote. No estés tan ocupado que no tengas tiempo para tus amigos. Diles lo mucho que significan para ti y muéstrales que los quieres. Mantén siempre el contacto con tus amigos.

Mantener el contacto es una de las cosas más fáciles que puedes hacer para enriquecer tu vida. Puedes hacerlo usando las diferentes redes sociales. Proponte llamar a tus amigos una vez a la semana y habla con ellos. No se trata solamente de mandarles un mensaje. Haz planes para quedar con ellos una vez a la semana o, al menos, dos o tres veces al mes. Cuando salgas con ellos, guarda tus dispositivos. Céntrate en la conversación y en pasar tiempo con ellos en vez de mirar tu teléfono constantemente.

Sonríe a Menudo

No dejes que los problemas pequeños te empañen el día o te hagan sentir triste. No todo en la vida debe tomarse de forma seria. Intenta ver el lado positivo de cada situación. Siempre tienes una elección; puedes sentirte herido o dejarlo ir. No seas pesimista y aprende a sonreír. Una sonrisa es contagiosa y ayuda a mejorar tu estado de ánimo.

Proponte sonreír tan pronto como te levantes. Esto te dará una mentalidad positiva para empezar el día. Recuérdate que debes sonreír a menudo durante el día. Ponte recordatorios o piensa en cosas que te hagan sonreír. Crea señales para sonreír. Proponte sonreirle a todas las personas con las que hagas contacto visual. Sonríe con frecuencia y será correspondido. Piensa en cosas alegres y empezarás a sonreír automáticamente. Intenta hacer todo esto y verás un cambio positivo.

Disfruta de tus Aficiones

Una afición es una actividad que te hace feliz y sirve para liberar el estrés. Puede que te guste pintar, dibujar, bailar, cantar, tocar un instrumento musical, coleccionar cosas o hacer cualquier otra cosa. Para tiempo haciendo esas cosas que te hagan feliz. Si en este momento no tienes una afición concreta, nunca es tarde para buscar una.

Aléjate de las Personas Negativas

No necesitas ningún tipo de negatividad en tu vida. Mantente alejado de aquellos que traten de derrumbarte. Rodéate de gente positiva y con buenas intenciones. La compañía que tengas importa mucho. Serás más feliz si te rodeas de gente feliz. Rodéate de personas con éxito, ambiciosas y positivas en general. No discutas con un pesimista, solo empeorará las cosas. En cambio, déjalo pasar. Una persona negativa se alimenta de negatividad y, al entrar en una discusión, se la estás dando. Quédate callado y deja que la negatividad pase de largo.

Lidiar con personas negativas puede ser bastante difícil; sin embargo, no dejes que te afecten. Si eres capaz de darles amor, hazlo. Si no puedes, mantente alejado de ellos. Sé una mejor persona y quiérelos. No puedes saber el motivo de su negatividad. Si alguien que conoces parece molesto, quizás puedas darle un abrazo u ofrecerle un vaso de agua. Si no eres capaz de hacer nada de eso, entonces será mejor que te mantengas lejos. Mantén la distancia y sé civilizado, pero eso es todo.

No te Olvides de las Cosas Importantes en la Vida

Independientemente de lo exitoso que seas o lo dura que sea la vida en este momento, no te olvides de los que son importantes. El éxito no significa nada si no puedes compartirlo con alguien que te importa. La popularidad, la fama o la riqueza no importan. Esas cosas son transitorias, así que no te olvides de los que son permanentes en tu vida, como tus amigos y miembros de tu familia. Pasa más tiempo con tus seres queridos. Puedes organizar un encuentro semanal y verlos. Empieza la tradición de hacer un brunch los fines de semana o una barbacoa que te permita pasar tiempo con aquellos que quieres. Incluso ver una película con tus seres queridos te hará sentir feliz.

Capítulo Once: Mantener la Positividad

Superar Obstáculos

Centrarse en el Resultado

Si estás intentando dejar algo, una forma de cambiar tu mentalidad es centrarte en el resultado. Piensa en cómo te sentirás una vez que el trabajo esté bien hecho. La visualización es una gran herramienta y ayuda a reducir la ansiedad que puedas sentir antes de empezar. Una mentalidad positiva hace más fácil terminar las cosas.

Definir lo que se Quiere Conseguir

Por ejemplo, si tienes como objetivo escribir tu autobiografía, entonces asegúrate de poner también una fecha límite. Un límite puede ser un factor tremendo de motivación. Define de forma precisa el objetivo que quieres alcanzar. Es muy improbable que te mantengas motivado si el objetivo es incierto.

Hacer una Lista de Motivos

Puede haber distintos motivos para hacer algo. Si no tienes una razón, no tiene sentido hacer nada. Tener una razón te dará la motivación necesaria. Entender tus motivos hará que la tarea tenga significado.

Si no lo Consigues

Puede o no funcionarte. A veces, el miedo de no hacer algo y la decepción que le siga puede ser una motivación. Piensa en el peor resultado posible si no haces algo. Puedes usar esos sentimientos para impulsarte hacia adelante.

Establecer Pequeños Objetivos

Siempre puedes dividir tus objetivos en metas más pequeñas. Al hacer esto, tu objetivo parecerá más fácil de conseguir. No solo eso, sino que te ayudará a medir mejor tu progreso. Fijar y conseguir objetivos más pequeños te dará la motivación necesaria para seguir adelante.

Planificar

Sin importar sobre qué sea tu proyecto, debes organizar algo de tiempo para ello. Apúntalo en tu calendario, pon un recordatorio y trátalo como cualquier otra obligación. No serás capaz de conseguir todos tus objetivos si no te comprometes. Si ves que tienes problemas para seguir tu plan, piensa en todos los motivos por los que lo estás haciendo.

Marcar el Progreso

Haz una lista de verificación con todos los pequeños objetivos que ye has marcado. Esto ayudará a llevar un seguimiento de tu progreso. Si sientes que vas rezagado en algún aspecto, puedes hacer un esfuerzo extra para mejorar tu desempeño y tu progreso.

Ser Consistente

Si quieres ser consistente, aquí tienes algunos consejos que puedes seguir.

Hacer una Lista de Cosas Pendientes

Hacer una lista de cosas pendientes es muy útil. Coge una hoja de papel y escribe todas las cosas que tienes que completar. Puedes hacerla tan pronto como te levantes por la mañana o la noche anterior. Así, cuando te levantes por la mañana, tendrás una orientación y sabrás lo que debes hacer antes de acabar el día.

Crear un Sistema de Recompensas

Siempre crea un sistema de recompensas para ti. Independientemente de que completes una tarea grande o una pequeña, debes recompensarte por hacer tu trabajo. El sistema de recompensas no tiene que ser muy elaborado.

Dividir tu Día de Trabajo

Las pausas son esenciales y necesitarás unas cuantas mientras estás trabajando. Es bastante difícil trabajar de forma eficaz por períodos prolongados sin ningún descanso. Un pequeño descanso te hará sentir refrescado y mejorará tu concentración.

No Realizar Actividades que Sean una Pérdida de Tiempo

Evita o, al menos, reduce el tiempo que pases en actividades adictivas que son una pérdida de tiempo. Puede ser cualquier cosa. Incluso algo tan sencillo como jugar en tu teléfono puede ser adictivo o comprobar las redes sociales constantemente. Esas actividades no te ayudan a conseguir nada y se comen tus horas de trabajo. Pon ciertos límites. Puedes hacer esas cosas mientras estés en un descanso, pero no mientras trabajas. Haz tu trabajo y después tendrás tiempo para las demás cosas.

Atacar las Tareas Difíciles Primero

Siempre habrá un par de tareas que consideras difíciles. Es una buena idea quitártelas del medio tan pronto como puedas. No lo dejes pendiente. Una vez hechas, el resto será relativamente más fácil.

Discutir tus Objetivos con Alguien

Cuando le cuentas a alguien tus objetivos, inconscientemente aumentas tu responsabilidad. Es probable que termines una tarea si ya le has hablado a alguien de ella. Tú decides a quién se lo cuentas. La responsabilidad hacia otra persona te hará querer completar las tareas.

Acabar con la Procrastinación

Descubrir el Motivo

Cuando sientas que no estás de humor para hacer algo, es la procrastinación diciéndote que te tomes un descanso. La tarea que tengas delante puede ser muy sencilla o increíblemente compleja. Los motivos para dejar de lado una tarea pueden ser muy variados. En vez de frustrarte y culparte por la procrastinación, debes tomarte un momento para evaluar la situación. Date algo de tiempo para averiguar por qué estás procrastinando. Este es el primer paso si quieres superar la procrastinación y es muy importante.

Los procrastinadores sueles centrarse en las ganancias a corto plazo en vez de las que son a lago plazo. En vez de eso, debes centrarte en los beneficios de terminar la tarea que tengas delante. Por ejemplo, si has dejado de limpiar tu armario, entonces imagina lo bien que te sentirás cuando esté todo ordenado. Concéntrate en ese sentimiento y será más fácil hacer las cosas.

Deshacerse del Obstáculo

Antes de empezar con una labor, date unos minutos y considera los posibles obstáculos que puedas encontrar. Así, puedes empezar a idear un plan para evitar o superar esos obstáculos.

Por ejemplo, has recibido un correo electrónico con instrucciones sobre cómo debes hacer una tarea en concreto. Volverás a leer ese correo con frecuencia cuando empieces la tarea para comprobar esas directrices. Esto supondrá distracciones innecesarias. En vez de eso, puedes imprimir esas instrucciones por adelantado. Con una simple planificación, serás capaz de evitar la procrastinación.

Empezar

A veces, puede parecer realmente difícil empezar algo. Dar el primer paso puede ser duro, independientemente de la tarea. Simplemente da el primer paso y todo mejora. Cuando dejas de centrarte en todas las cosas negativas, puedes evitar sentirte desanimado. Cuando te sumerges directamente, puedes ver un cambio positivo en tu estado de ánimo que es bastante útil.

Dividirlo

Si algo te intimida, es muy probable que acabes dejándolo de lado todo el tiempo que puedas. Si puedes reducir esa intimidación, será más fácil trabajar en algo. El tamaño completo de un proyecto puede ser un factor intimidante. Por eso, trata de dividirlo en partes más pequeñas. Cuando lo hagas, el cociente de intimidación disminuirá. Es más fácil abordar tareas pequeñas.

El Entorno Adecuado

Trabajar en el entorno equivocado hará que la procrastinación se haga un hueco. Definitivamente, no serás capaz de hacer ningún trabajo si estás en un sitio con mucho ruido, tienes amigos alrededor o estás comprobando las redes sociales en tu teléfono constantemente. El entorno debe ayudarte a trabajar y no suponer una distracción.

Alegrarse de las Pequeñas Victorias

Siempre disfruta de tus victorias, independientemente de lo grandes o pequeñas que sean. Esa sensación de logro te ayudará a seguir adelante. Esto te ayudará a desarrollar una actitud positiva hacia tu trabajo y te dará la motivación necesaria para seguir. Tachar cosas sencillas de tu lista de cosas por hacer puede ser bastante satisfactorio.

Ser Realista

Cuando te fijes objetivos, asegúrate de que son realistas y alcanzables. Te estarás abocando al fracaso si te pones metas poco realistas. Esto aumentará tus sentimientos negativos y, finalmente, sucumbirás a la procrastinación.

Hablar con Uno Mismo

Cuanto más te digas que no deberías pensar en algo, más tiempo pasarás pensando en ello. Así es como funciona la mente humana. ¡se vuelve casi imposible no pensar en ello! El truco es no dejar que esto pase. Cuando te inclines por dejar algo de lado durante un tiempo, debes tratar de evitarlo. Sencillamente desvía tu atención hacia otra cosa. Por ejemplo, en vez pensar que no deberías procrastinar, intenta pensar en lo bien que te sentirías si terminaras la tarea. De esta forma, serás capaz de dar los pasos necesarios, en vez de preocuparte por un determinado comportamiento.

No Intentar Ser Perfeccionista

El perfeccionismo es una mentalidad bastante difícil con la que funcionar. Este tipo de pensamiento de todo o nada puede llevar a la procrastinación. Un perfeccionista creerá solo en dos posibles resultados. Algo puede salir perfecto o será considerado un fracaso. La gente con esa tendencia esperará a que todo sea absolutamente perfecto para proceder. Si no es perfecto, entonces no está terminado. Esa mentalidad puede evitar, no solo que empieces algo, sino también que lo termines. En vez de perseguir la perfección, tu atención debe estar en completar la tarea.

Capítulo Doce: Deberes

Prueba estos ejercicios durante una semana y observa un cambio en tu comportamiento.

Un Problema por Día

Cada mañana, elige un problema en el que quieras trabajar en tu tiempo libre. Identifica los distintos elementos que lo componen para encontrar una solución lógica. Dicho de forma sencilla, responde estas preguntas en un orden sistemático. ¿Cuál es el problema real? ¿Cómo obstruye este problema mis objetivos, propósitos y necesidades en general?

Aquí tienes los pasos que te ayudarán a resolver el problema.

Cuando sea posible, intenta abordar los problemas uno a uno. Enuncia el problema tan precisa y claramente como te sea posible. Después, estudia el problema para entender su naturaleza. Por ejemplo, tienes que averiguar el tipo de problemas que eres capaz de resolver. Diferencia entre esos problemas sobre los que tienes control y los que no. Aprende a dejar de lado esos problemas sobre los que no tienes control. Piensa en la información que necesitarás y empieza a buscarla activamente. Analiza e interpreta la información recabada y saca conclusiones razonables. Piensa en las distintas opciones que tienes, tanto a corto como a largo plazo. Una vez que sepas las opciones disponibles, el siguiente paso es evaluar todos los pros y contras que esas soluciones ofrecen. Elige un enfoque y síguelo. Una vez que hayas implementado tu plan de acción, debes monitorizar sus implicaciones. Dependiendo de cómo funcione el plan, haz los cambios necesarios.

Interiorizar Estándares Intelectuales

Los estándares intelectuales universales incluyen claridad, precisión, exactitud, relevancia, profundidad, amplitud, lógica y significado. Cada semana, elige uno de esos estándares y trata de aumentar tu consciencia sobre él. Por ejemplo, puedes centrarte en la claridad durante una semana, después cambiar a la precisión y seguir así. Si te concentras en la claridad, fíjate en cómo te comunicas con los demás para ver si estás siendo claro o no. Además, date cuenta de cuándo los otros están siendo claros en lo que dicen. Cuando estés leyendo, fíjate en si tienes claro el contenido que has estado leyendo. Cuando te expreses oralmente o cuando escribas tus pensamientos, comprueba si hay claridad en lo que estás tratando de transmitir.

Hay cuatro cosas sencillas que puedes hacer para comprobar si tienes claridad o no. Di lo que estés tratando de decir explícitamente, elabóralo, por ejemplos para facilitar la comprensión y haz uso de analogías. Así que enuncia, elabora, ilustra y, por último, ejemplifica.

Llevar un Diario Intelectual

Empieza a llevar un diario intelectual donde registres cierta información con base semanal. Aquí tienes la información básica que debes seguir. El primer paso es apuntar una situación emocionalmente significativa para ti. Debe ser algo sobre lo que te preocupes, céntrate en una situación. Después de esto, registra tu respuesta en esa situación. Intenta ser tan específico y preciso como puedas. Una vez que hayas hecho eso, analiza la situación, tu respuesta y lo que has escrito. El último paso es evaluar lo que has pasado. Evalúa las implicaciones - ¿qué has aprendido sobre ti mismo? Y, si tienes la oportunidad, ¿qué harías diferente en esa situación?

Remodelar tu Carácter

Elige un rasgo intelectual como perseverancia, empatía, independencia, coraje, humildad, etc. una vez elegido un rasgo, céntrate en él durante un mes completo y cultívalo. Si el rasgo por el que has optado es la humildad, entonces empieza por darte cuenta de cuando admitas estar equivocado. Date cuenta de si te niegas a reconocerlo, incluso si las pruebas muestran que estás absolutamente equivocado. Fíjate en cuando empieces a ponerte a la defensiva cuando alguien intenta señalarte tu error o te corrige. Observa si tu arrogancia evita que aprendas algo nuevo. Cuando te veas complaciéndote con cualquier comportamiento o pensamiento negativo, aplasta esos pensamientos. Empieza a remodelar tu carácter y empieza a desarrollar rasgos conductuales deseables a la vez que abandonas los negativos. Tú eres tu peor enemigo y puedes evitar tu crecimiento sin saberlo. Así que aprende a dejar ir todas las cosas negativas.

Lidiar con tu Egocentrismo

Los seres humanos son inherentemente egocéntricos. Al pensar en algo, solemos ponernos por encima de los demás de forma inconsciente. Sí, somos parciales con nosotros mismos. De hecho, puedes notar tu comportamiento egocéntrico en el día a día si piensas en las siguientes preguntas:

¿En qué circunstancias me favorezco? ¿Me pongo de mal humor o irritable por cosas pequeñas? ¿Digo o hago algo "irracional" para salirme con la mía? ¿Impongo mi opinión a la de otros? ¿Digo lo que pienso sobre algo de lo que estoy fuertemente convencido? Una vez identificadas esas trazas de egocentrismo, puedes empezar a racionalizar activamente. Cuando sientas que estás siendo egocéntrico, imagina lo que una persona racional diría o haría en una situación similar y la forma en que eso se compara con lo que estás haciendo tú.

Redefinir la Forma en que Ves las Cosas

El mundo en el que vivimos es tan social como privado y cada situación está "definida". La forma en que una situación está definida no solo determina cómo te sientes, sino la forma en que actúas y sus implicaciones; sin embargo, cada situación puede definirse de múltiples formas. Esto significa que tienes el poder de hacerte feliz y tu vida más llena. Eso significa que todas esas situaciones a las que vinculas un significado negativo pueden transformarse en algo positivo si quieres. Esta estrategia trata de encontrar algo positivo en todo lo que consideras que es negativo. Prueba a ver el lado positivo de cada aspecto de tu vida. Todo trata de perspectivas y percepciones. Si piensas que algo es positivo, entonces te sentirás bien al respecto, y si crees que es negativo, entonces albergarás sentimientos negativos hacia ese algo.

Entrar en Contacto con tus Emociones

Cuando empieces a sentir cualquier tipo de emoción negativa, pregúntate lo siguiente:

¿Qué línea de pensamiento me ha traído hasta aquí? Por ejemplo, si estás enfadado, pregúntate ¿en qué estabas pensando que provocó el enfado que estás sintiendo? ¿De qué otras formas puedes ver esta situación?

Cada situación se ve diferente dependiendo de la perspectiva. Una perspectiva negativa hace que todo parezca aburrido y sombrío; en cambio, una perspectiva positiva ilumina las cosas. Cuando sientas que una emoción negativa está apareciendo, trata de tomártelo con humor o racionalízalo. Concéntrate en el proceso de pensamiento que produjo esa emoción negativa y serás capaz de encontrar una solución a tu problema.

Analizar la Influencia de un Grupo en tu Vida

Observa de cerca la forma en que tu comportamiento se ve influenciado por el grupo en el que estés. Por ejemplo, cualquier grupo tiene una serie de reglas no escritas de conducta que todos los miembros siguen. Habrá algún tipo de conformidad que será aplicada. Evalúa cuánto y de qué maneras te influye esto. Reflexiona sobre si estás cediendo demasiado ante la presión o si estás haciendo algo simplemente porque los demás esperan que lo hagas.

Una Puerta se Cierra y otra se Abre

Considera todos los momentos negativos de tu vida que te han llevado a un resultado positivo; un resultado que no esperabas. Toma nota de esas cosas todos los días.

Regalar Tiempo

El tiempo es muy valioso. Pasar tiempo con alguien es el mejor regalo que puedas darle. Así que, esta semana, ofrécele el regalo de tu tiempo a tres personas distintas. Puede ser ayudándolos en su casa, saliendo a comer o, simplemente, poniéndose al día. Debes hacer estas cosas además de las otras actividades que tuvieras planeadas.

Contar la Amabilidad

Lleva un diario donde puedas escribir los actos amables que realices en un día. Anótalos antes de irte a dormir por la noche.

Las Cosas Divertidas

Cada día, escribe sobre tres cosas divertidas que te hayan pasado. Además, anota las causas de esos incidentes divertidos. ¿Fue algo que dijiste, viste o fue algo espontáneo?

Carta de Agradecimiento

Piensa en alguien que haya tenido un impacto positivo en tu vida y escríbele una carta de agradecimiento. Si es posible, puedes llevársela personalmente.

Las Cosas Buenas

Escribe sobre tres cosas buenas que hayas vivido en un día. Además, haz constar los motivos por los que ocurrieron.

Hacer Uso de tus Fortalezas Características

Haz una encuesta VIA (*Values in Action*). Esta encuesta te ayudará a encontrar las fortalezas de tu carácter. Selecciona tus mayores fortalezas y úsalas de una forma nueva. Esto es una tarea diaria.

Si no eres amigo de escribir las cosas, entonces considera debatirlas con alguien cercano. Habla contigo mismo sobre todos los aspectos positivos de tu vida. Además, asegúrate de practicar estos pasos durante, al menos, una semana completa.

Conclusión

Te agradezco, nuevamente, que hayas elegido este libro y espero que lo hayas pasado bien leyéndolo. La programación neurolingüística es una técnica cuyo objetivo es mejorar la vida de las personas. Ayuda a convertir una situación desfavorable en favorable. La mejor parte de la PNL es que no hay fracaso. Ningún error que cometas puede estar mal; es solamente una piedra en tu proceso de mejora. Cada error que cometes actúa como feedback que puedes usar para mejorar tu vida. Esto hace a la PNL una de las mejores formas de mejorar varios aspectos de ti mismo.

Cada persona tiene el potencial de tener éxito en la vida. Todo lo que necesitamos es un pequeño empujón para desbloquear ese potencial. Ahí es donde la PNL aparece en escena. La PNL no es un concepto difícil de entender. Si entiendes lo que significa cada palabra por separado, entonces sabrás implementarla en tu vida con éxito. No necesitas pasar incontables horas para perfeccionarla. Con practicar diariamente serás capaz de adoptarla con éxito.

Si quieres llevar una vida feliz llena de positividad, entonces necesitas adoptar una **mentalidad positiva**. Sigue los sencillos consejos mencionados aquí para asegurarte de mantener esa positividad para siempre.

Tienes que entender que tú determinas tu realidad. Eres el único con poder para decidir si tu experiencia es positiva o negativa. Tienes que recordar que eres el único que crea **creencias limitantes** para ti.

Atraes aquello en lo que crees. La **psicología positiva** trata sobre mantener una perspectiva positiva de la vida para atraer positividad. Si quieres atraer felicidad, debes tener pensamientos positivos, si quieres lograr éxito, debes pensar en ese éxito y no en los obstáculos que puedas encontrar. Usa la **ley de la atracción** para atraer positividad a tu vida.

Tienes que crearte un ritual matutino positivo. Pasa las preciadas horas de la mañana haciendo algo productivo y no pierdas ese tiempo.

Con frecuencia, las cosas no salen como estaban planeadas. Puedes sentirte frustrado cuando tus planes cambian o cuando no funcionan a tu favor. Sin embargo, la resistencia no cambia nada y las cosas van cuesta abajo de ahí en adelante. Cuando empieces a aceptar lo que sucede, solo entonces podrás dejar ir todo el sufrimiento innecesario. Debes empezar a practicar la aceptación, entender y ajustarte a las circunstancias sin emociones conflictivas que te nublen el juicio.

Debes vivir en el presente porque ahí es donde todo sucede y es el único lugar donde puedes experimentar felicidad. Tu pasado puede estar lleno de bonitos recuerdos, pero no puedes conseguir nada de esos recuerdos. Viviendo en el pasado o el futuro, te olvidas del momento que tienes delante. Tu presente es crítico y debes empezar a vivirlo como tal. Hoy en día, los dispositivos son una parte significativa de nuestras vidas y las redes sociales son una parte aún más sustancial. Tu presencia online debe ir mano a mano con tu vida offline. Aprende a vivir en el presente, físicamente. No se trata de vivir en el mundo virtual todo el tiempo; no tiene ningún sentido.

Escuchar y oír son dos conceptos completamente distintos, aunque muchas veces sean intercambiables. Escuchar es un proceso consciente donde necesitas prestar atención. Ayuda a establecer vínculos fuertes entre personas y te ayuda a vivir en el presente. Por lo tanto, es una excelente fuente de felicidad. Tienes que hacer un esfuerzo consciente para estar más presente mientras tengas una conversación con alguien.

El dinero puede ayudarte a comprar cosas y esas cosas te ayudarán a sentirte momentáneamente satisfecho. ¿Por qué no intentas ahorrar durante 6 meses sin comprar nada innecesario? Serás capaz de ahorrar una pequeña fortuna y puedes usarla para viajar, por ejemplo. En vez de llenar tu vida con cualquier tipo de productos de marcas caras, debes tratar de crear recuerdos bonitos que te harán sentir feliz cuando pienses en ellos.

La mayoría de nosotros dejamos de hacer amigos a medida que nos hacemos mayores. Siempre debes estar interesado en conocer gente nueva. Te ayudará a mejorar como persona, ampliar tus horizontes y asegurar que tienes una vida social activa. Prueba a empezar una conversación con un extraño y nunca se sabe, quizás termines con un nuevo amigo.

Los sueños te dan la motivación para seguir adelante. Por tanto, intenta soñar a lo grande siempre. Tu sueño te ayudará a encontrar eso que te apasiona. Permítete soñar y ten suficiente fe en tu habilidad de hacer tus sueños realidad. Debes pasar 5 minutos al día en el mundo de tus sueños. Empieza visualizando las cosas que quieres hacer y lo increíble que te sentirías una vez que las hayas logrado. Intenta haces esa visualización tan real como sea posible y aumentará tus deseos de trabajar para llegar a tu meta.

¿Tu presente se parece en algo al futuro con el que habías soñado? Si no, invierte tiempo y energía pensando en las cosas que puedes hacer para asegurar tu crecimiento. No tienes que hacerlo todo de una sola vez. Empieza dando pequeños pasos y, finalmente, alcanzarás tu objetivo.

Si quieres llevar una vida feliz y exitosa, entonces necesitas hacer un esfuerzo consciente para ello. Lleva tiempo, trabajo duro y esfuerzo cambiar tu forma de pensar, pero los resultados valdrá, definitivamente, la pena.

Todos los pasos y estrategias mencionados en este libro han sido probados y te ayudarán a empezar con la PNL. También te ayudarán en la práctica.

Te deseo suerte con la PNL y espero que tengas éxito.

Finalmente, si este libro te pareció útil, por favor, deja una reseña positiva en Amazon, ya que será profundamente apreciada y me permitirá seguir publicando libros de gran calidad.

Recursos

https://whyamilazy.com/use-nlp-techniques-fight-procrastination/

https://www.the-secret-of-mindpower-and-nlp.com/NLP-techniques-for-dissolving-fear-mental-blocks-and-hesitation.html

https://www.adaringadventure.com/banishing-phobias-and-fears/

http://www.fulfillmentdaily.com/10-habits-to-grow-a-positive-attitude/

https://www.forbes.com/sites/forbescoachescouncil/2018/03/22/10-ways-to-beat-procrastination-and-get-things-done/#346663292902

https://medium.com/the-mission/these-6-powerful-ways-will-help-you-overcome-obstacles-and-reclaim-your-power-b1fabdb8e074

https://www.personal-development-planet.com/nlp-anchors.html

https://www.nlpcoaching.com/7-nlp-ways-train-brain-positive-ways/

https://www.notsalmon.com/2011/07/07/how-to-use-nlp/

https://www.subconsciousmindpowertechniques.com/remove-negative-thoughts-from-mind/

https://www.gaia.com/article/3-ways-to-positively-influence-your-subconscious-mind

https://www.powerofpositivity.com/3-reasons-negative-thoughts/

www.ingramcontent.com/pod-product-compliance
Lightning Source LLC
Chambersburg PA
CBHW050319010526
44107CB00055B/2302